이 땅을 지켜온,

지금도 지키고 있으며,

앞으로도 지켜나갈

대한민국의 모든 군인들에게 이 책을 바친다.

해병대의
뿌리

신현준

다물아사달 기획 '국군열전'

다물아사달에서는 창군(創軍)과 6·25전쟁, 그리고 대한민국 발전 과정에서 노심초사한 '참 군인'들과 UN군 참전용사들을 선정하여 그들의 삶과 업적을 오늘에 되살리는 '국군열전'을 기획하고 있습니다.

해병대의
뿌리
신현준

초판 1쇄   2018년 04월 15일

지은이   김선덕
발행인   황승훈
디자인   이슬기
교정·교열   이규석(KBS 성우)

발행처   도서출판 다물아사달
등록번호   제2015-000025호.
주소   서울특별시 중구 서소문로6길 34, 609호
전화   02-2281-5553
팩스   02-2281-3953
홈페이지   www.damulasadal.com

가격   13,000원
ISBN   979-11-89163-00-6 04900
　　　 979-11-955026-3-9 04900 (세트)

CIP제어번호   CIP2018010997
　　　 이 도서의 국립중앙도서관 출판도서목록(CIP)은 서지정보유통지원시스템 홈페이지
(http://seoji.nl.go.kr)와 국가자료공동목록시스템(http://www.nl.go.kr/kolisnet)에서
이용하실 수 있습니다.

ⓒ 김선덕 2018, Printed in Korea.

- 이 책은 저작권법에 따라 보호받는 저작물이므로 무단전재와 무단복제를 금지하며, 이 책 내용의 전부 또는 일부를 이용하려면 반드시 저작권자와 도서출판 다물아사달의 서면 동의를 받아야 합니다.
- 파본이나 잘못된 책은 구입처에서 교환해 드립니다.

국군
열전 列傳

해병대의
뿌리

신현준

도서출판
다물 아사달

시작하는 글

　대한민국 해병대는 세계 최강이라고 자부하고 있다. 솔직히 얘기한다면 그것은 사실이 아니다. 세계 최강의 전력을 자랑하는 해병대는 미국 해병대다. 미국 해병대는 모든 것을 구비하고 있다. 미국 해병대는 상륙사단들뿐만 아니라 수백 대의 항공기를 보유한 항공사단들도 보유하고 있어 스스로 모든 작전을 수행할 수 있는 능력을 지니고 있다.

　그렇게 봤을 때, 대한민국 해병대는 반쪽짜리 해병대다. 자체 항공전력을 가지고 있지 않은 그냥 상륙군부대인 것이다. 그렇다 하더라도 정신력 면에서는 대한민국 해병대가 세계 최강임에 틀림없다.

　왜일까? 그것은 대한민국 해병대가 언제나 하나이며, 기수(期數)로 줄을 서기 때문이다. '미제 철조망은 녹이 슬어도 해병대 기수는 절대 녹이 슬지 않는다.'라는 말이 있다. '해병대 1기 차이는 태권도 100단 차이와 같다.'라는 말도 해병대 출신들 사이에서는 진리로 통한다.

　서로 다른 곳에서 근무했어도 해병대 기수는 그대로 통한다. 근무지와는 상관없이 기수에 따라 상하가 구별된다. 해병대는 군복에 부대마크를 달지 않는다. 그 이유는 '해병대는 하나다.'라는 의미를 강조하기 위해서다.

해병대를 이루는 장교, 부사관, 병이 나오는 문은 한 문입니다. 여러 개의 문이 아닙니다. 해병대는 딱 한 문이에요. 그래서 병은 병대로 1기부터 Line up(정렬)이 되고, 부사관은 부사관대로 1기부터 정렬이 되고, 장교도 간부후보생 1기부터 정렬이 됩니다. 이런 과정을 거쳐서 일관성 있는 기수 정렬이 됩니다.

그 기수 정렬은 나쁜 의미의 기수 정렬이 아니고, 동질성을 갖게 되는 그런 차원의 기수 정렬입니다. 군대에서 한 기수가 나온다고 하는 것이 사회와 학교의 졸업생과 다른 것은, 이것은 생명을 같이 나누는 전우 단체입니다. 방방곡곡에서 모르는 사람이 모여서 해병대의 같은 기수라는 그 이름 하나 때문에 내 생명까지도 스스로 내어줄 수 있는, 같이 나눌 수 있는 그런 전우로 만들어지는 겁니다.[1]

다른 나라의 해병대는 전역하면 그만이다. 하지만 대한민국 해병대는 그렇지 않다. 대한민국 해병대는 '한 번 해병은 영원한 해병'이라고 얘기한다. 그래서 대한민국 해병대가 최강인 것이다. 이 정신이 대한민

---

1) 제23대 해병대사령관 이갑진 해병 중장 인터뷰, 2010년 10월 7일, 해병대기념관

국 해병대의 진정한 전력이다. 스무 살 남짓의 현역 이등병에서부터 백 세를 바라보는 노(老) 예비역에 이르기까지 '우리는 해병대'라는 정신을 가지고 있으니, 세상에 이보다 강하고 무서운 군대가 어디 있겠는가.

해병대가 한 사람의 군인으로 탄생하는 것은 많은 방법의 해석이 있겠지만, 저는 4가지로 봅니다. 첫 번째는 해병대에 들어오는 그 순간부터 자신을 발가벗기는 훈련입니다.
과거에 갖고 있던 나의 학력, 나의 지식, 나의 가치관은 다 발가벗겨서 새로운 해병대의 가치관으로 단련이 되는, 용광로에서 펄펄 끓어서 주물이 새로 되는 겁니다. 이것이 두 번째로 단련이 돼서 달궈지는 과정입니다.
세 번째 과정은, 그렇게 달궈진 결과로 내가 갖고 있던 개인의 가치관이 해병내라는 가치관으로 동일시되는 겁니다. 그래서 그 가치관의 눈으로 자기의 조직을 바라보게 됩니다.
네 번째 단계는, 그렇게 무장된 병사가 결국은 자대배치라는 해병대 세상으로 보내지게 돼요. 이런 단계를 거쳐서 한 사람의 해병이 됩니다. 장교도 마찬가지고, 부사관도 마찬가지입니다.
그래서 그런 정서를 가지고 군대 복무했던 사람이 사회에 나가기 때문에, 그게 쉽게 없어지지 않아요. 그러니까 동질성을 가진 사람들은 서로 잘 모이게 됩니다. 그렇기 때문에 지금 해병전우회가 건재한 이유가 바로 거기에 연유한 것이다. 해병대의 전우들은 자기 이해타산 가지고 모인 것이 아니고, 그런 정통성 속에서 몸에 배인 것 때문에 같이 모여지게 되지 않았느냐. 저는 그런 생각이 듭니다.[2]

'대한민국 해병대는 하나에서부터 시작되었다.'라는 이야기가 있다. 해병대가 창설되기 전에 먼저 사령관부터 임명하고, 그 사령관에게 알아서 부대를 만들게 했기 때문이다. 대한민국 해병대의 뿌리인 '하나'가 바로 신현준(申鉉俊) 장군이다.

'해병대는 막강하다.'는 선입견 때문에, 사람들은 신현준 장군이 불같은 성격의 용장(勇將)이었을 것이라고 상상한다. 하지만 사실은 이와 다르다. 신현준 본인이 쓴 회고록 '老海兵의 回顧錄', 다른 장군들이

---

2) 제23대 해병대사령관 이갑진 해병 중장 인터뷰, 2010년 10월 7일, 해병대기념관

남긴 회고록들, 그리고 각종 공간사(公刊史)들에 등장하는 신현준이라는 인물은 다정하고 인자한 성품을 지닌 덕장(德將)이다.

어떻게 보면, 인간 신현준은 군인보다는 학자나 종교인이 더 잘 어울리는 사람으로 생각된다. 그는 매사에 성실하고, 진지하며, 자기 임무에 충실한 사람이었다. 또한 부모님의 뜻에 순종하는 효자였으며, 자식들을 끔찍하게 아끼는 자상한 아버지였다. 그런 성품이 그를 독실한 가톨릭 신자로 이끌었을 것이다.

신현준 장군은 국가와 민족, 그리고 군을 진심으로 사랑했던 군인이었으며, 군의 요직을 두루 거치면서도 치부(致富)와 축재(蓄財)를 하지 않은 청빈한 공직자였다. 또한 신에게 봉사하는 삶을 산 참 종교인이기도 했다.

아무쪼록 신현준 장군의 참 모습과 굴곡 많았던 삶을 이해하는데, 이 책이 조금이나마 도움이 되었으면 하는 바람이다.

– 2018년 봄, 남산 자락 두텁바위 마을의 누옥에서

목 차

7　　　시작하는 글

19　　　빈농의 아들로 태어나다

23　　　격동의 땅, 만주

29　　　신해혁명과 청 왕조의 멸망

33　　　군벌들의 전국시대

35　　　만주의 지배자 장작림과 관동군

38　　　중국 국민당과 공산당, 그리고 군벌

42　　　독립군의 전초기지, 간도

49　　　만주의 유랑민

53　　　만주에 불어온 붉은 바람

56　　　굶어도 공부는 해야 한다

58　　　북벌에 나선 중국 국민당

64　　　만주사변

67　　　만주국 건국

69	일본군 통역이 되다
73	동북항일연군의 투쟁
76	일본군에서 만주군으로
79	일본군과 만주군 안의 조선인 장교
86	봉천군관학교 입교
88	중일전쟁
93	관동군과 공비
95	간도특설대
99	태평양전쟁
102	열하성에서 팔로군과 싸우다
108	일본의 패망과 소속을 잃은 조선인들
111	광복 후의 광복군, 평진대대
114	허리가 잘린 한반도
118	해방병단과 국방경비대
122	27년만의 귀국
125	천붕(天崩)과 참척(慘慽)의 슬픔

목차

127	조선해안경비대 장교가 되다
130	대한민국과 조선민주주의인민공화국 수립
133	여수 14연대반란사건
136	해병대 창설
144	해병대의 첫 임무, 진주 공비 토벌
146	해병대, 제주도로 이동
151	6·25전쟁 발발과 해병대 증강
157	인천상륙작전과 한·미 해병대의 우정
163	UN군의 북진과 중공군 참전
167	또 다시 참척(慘慽)의 슬픔을 겪다
170	계속되는 무적해병의 신화
175	사천강~장단지구전투
179	가톨릭에 귀의하다
180	정전협정 체결과 해병 제1여단 창설
184	4·19의거와 5·16 군사쿠데타의 격랑 속에서
189	전역과 미국 네바다 주립대학 유학

191	외교관으로 변신하다
195	초대 주 모로코 대사 시절의 비화
200	생활고에 시달린 전직 해병대사령관
204	초대 교황청 대사가 되다
211	박정희 대통령 서거와 교황청 대사 퇴임
214	한 번 해병은 영원한 해병
216	성실한 가장이며 독실한 종교인이었던 신현준

222	이력과 경력
224	참고문헌
226	인명색인

해병대의 뿌리

신현준

빈농의 아들로 태어나다

신현준(申鉉俊)은 일제강점기였던 1915년 10월 23일(음력 9월 15일), 경상북도 금릉군(金陵郡) 농소면(農所面) 봉곡동(鳳谷洞)에서 몰락한 양반 신기관(申基觀)의 외아들로 태어났다. 금릉은 지금의 김천(金泉)이다.

신기관은 가난한 농부였다. 당시 한반도의 농민들은 일 년 내내 뼈 빠지게 농사를 지어봐야 입에 풀칠하기도 어려운 상황에 처해 있었다.

거기에는 서글픈 배경이 있었다. 이야기는 조선왕조가 망해가던 19세기로 거슬러 올라간다.

19세기는 산업혁명으로 근대화를 이룬 유럽의 열강(列强)들이 원료 공급지와 상품 소비시장을 확보하기 위해 앞 다투어 식민지(植民地) 개척에 열을 올렸던 시기였다. 남미와 아프리카, 아시아의 약소국들이 유럽 열강들의 좋은 먹잇감이었다.

아시아 국가들 중 침탈을 당하지 않고 온전하게 살아남은 국가는 일본이 유일했다. 청나라(중국)와 조선이 열강의 틈바구니에서 시달리고 있을 때, 메이지유신(明治維新, 1868년)을 통해 일본만이 유일하게 효과적인 근대화를 이룬 것이다.

근대화를 이룬 일본은 유럽 열강들과 어깨를 나란히 하고 식민지 사냥에 동참했다. 일본의 첫 표적이 이웃나라인 조선이었다. 일본은 군사력을 앞세워 1876년(병자년) 2월, 강화도에서 조선과 병자수호조약(丙子修好條約)을 체결하는데 성공했다. 일명 강화도조약이었다.

강화도조약은 불평등조약이었다. 이 조약의 핵심은 일본과 조선 양국이 '상호무관세(相互無關稅)로 무역을 한다.'는 것이었다. 농수산품 위주의 조선과 공업생산품 위주의 일본이 무관세로 무역을 하게 되었으니, 조선은 이때부터 일본의 '경제적인 식민지'가 되고 말았다. 가장 치명적인 타격은 '쌀의 유출'이었다.

19세기 말, 빠른 속도로 공업화가 진행된 일본에서는 농촌 인구가 급속하게 감소했다. 농민이 줄어드는 반면, 쌀의 소비량은 대폭 늘어났다. 그것은 일본 국민들의 소득이 상승하면서 식량 소비가 늘어났기 때문이었다. 상황은 심각했다. 쌀 때문에 폭동이 일어날 정도였다. 이것을 해결하는 길은 외국에서 쌀을 수입하는 방법뿐이었다.

강화도조약 체결 이후, 일본은 조선 땅에서 생산되는 쌀을 싹쓸이 해가기 시작했다. 당연히 조선에서는 쌀값이 천정부지로 뛰어올랐다. 농사를 짓는 농민들조차 쌀밥을 구경할 수 없는 상황이 초래됐다. 농업국가인 조선에게 쌀의 대량유출은 '국가경제의 파탄'을 의미했다.

1882년(임오년) 7월, 무위영(武衛營)과 장어영(壯禦營)의 군병(軍兵)들이 폭동을 일으켰다. 이 사건은 조선의 쌀 부족을 보여주는 대표적인 사건이었다. 그 당시 조선정부는 군병들의 급료를 쌀(녹봉미)로 지급하고 있었다. 그런데 그 녹봉미(祿俸米)가 13개월 치나 지급되지 않자, 군병들의 불만이 하늘을 찔렀다.

그러던 중 조선정부가 1개월 치의 녹봉미를 지급하겠다고 발표했다. 비록 1개월 치였지만, 군병들은 그거라도 받기 위해 지급장소인 선혜청(宣惠廳)으로 모여들었다. 그날이 1882년 7월 19일이었다.

하지만 13개월 만에 지급된 불과 1개월 치의 녹봉미조차 정상적인 상태가 아니었다. 지급된 쌀의 대부분이 썩은 쌀인 데다가, 반 가까이 모래와 겨가 섞여 있었고, 양마저도 정량에 미달했던 것이다. 이에 머리끝까지 화가 치민 군병들이 폭동을 일으켰다. 역사는 그 폭동을 임오군란(壬午軍亂)이라는 이름으로 기록하고 있다.

이 사건은 부패한 권력층과 관료들이 저지른 사건이었지만, 쌀이 워낙 부족하여 일어난 사건이기도 했다. 그만큼 조선은 심각할 정도로 쌀 부족에 시달리고 있었던 것이다.

1910년 8월 29일, 대한제국이 일본에 병탄(倂呑)되어 식민지가 되고 말았다. 이때부터 상황은 더욱 심각해졌다. 한반도가 아예 일본 본토에 쌀을 공급하는 생산기지로 전락하고 말았던 것이다. 일본은 한반도에서 생산되는 쌀의 대부분을 일본으로 실어갔다.

극소수의 지주(地主)를 제외한 한반도의 농민들은 먹고 살길이 막막했다. 이 때문에 수많은 농민들이 만주(滿洲)로 이주를 단행하게 된다. '그래도 만주가 이곳보다는 낫겠지.' 하는 간절하고 막연한 희망을 품은 채 고향을 등진 것이다.

현대인들은 '만주' 하면 으레 독립투사들을 먼저 떠올린다. 물론 만주는 독립투사들의 무대였다. 하지만 그들은 극히 일부분에 불과했고, 만주 지역에 분포했던 대다수의 조선인들은 먹고 살기 위해 이주한 난민(難民)들이었다.

그들 중에는 신기관의 일가도 속해 있었다. 빈농(貧農)이었던 신기관이 처자식을 이끌고 만주로 이주한 것이다. 그 때가 신현준의 나이 만 네 살 때인 1919년 2월이었다.

격동의 땅, 만주

만주(滿洲)는 오늘날 중국의 동북(東北) 지방인 요녕성(遼寧省: 랴오닝성)·길림성(吉林省: 지린성)·흑룡강성(黑龍江省: 헤이룽장성), 그리고 내몽고자치구(內蒙古自治區)의 동부 지역을 포괄하는 지명이다. 19세기 말과 20세기 초, 중국 측에서는 만주라는 명칭보다 '동삼성(東三省)'이라는 명칭을 사용했다.

만주

19세기 말, 일본과 제정 러시아는 만주로 진출하기 위해 치열한 경쟁을 벌였다. 먼저 승기를 잡은 쪽은 러시아였다. 러시아는 일본의 세력 확장을 저지하기 위해 1896년, 청나라와 군사밀약을 맺고 '동청철도(東淸鐵道)'의 부설권을 얻어냈다.

철도부설권은 노선 인근 지역의 경제적 이권까지 포함하고 있었다. 철도를 놓은 후 인근 지역에 자국민을 이주시켜 경제를 장악하고, 철도와 자국민을 보호한다는 구실로 군대를 주둔시키는 수순, 이것이 열강들이 식민지를 침략하는 전형적인 방법이었다.

동청철도는 중국과 러시아의 국경인 만주리(滿洲里: 만저우리)를 출발하여 하얼빈(哈爾濱)을 거쳐 연해주(沿海州) 접경도시인 동녕(東寧: 둥닝)까지 이어지는 북만주의 가장 중요한 철도 노선이 된다.

러시아는 이어 1898년, 청나라로부터 요동반도(遼東半島: 랴오둥반도)의 여순(旅順: 뤼순)과 대련(大連: 다롄) 일대를 조차(租借)[3]하여 군사기지를 설치했다. 이와 함께 하얼빈에서 장춘(長春: 창춘), 봉천(奉天: 펑톈, 현재의 심양), 대련(大連)을 잇는 '남만주철도(南滿洲鐵道: 동청철도의 지선)'의 부설권도 획득했다.

1899년, 중국 화북지방에서 '의화단운동(義和團運動, 1899~1901.)'이 일어났다. '의화단의 난'이라고도 불리는 이 운동은 열강들을 중국 땅에서 몰아내자는 외세배척운동이었다.

---

3) 조차(租借): 합의에 의해 어떤 나라가 다른 나라의 영토를 빌려 일정 기간 통치하는 일. 영토권은 빌려 준 나라에 속하지만, 통치권은 빌린 나라에 속한다.

1900년 6월, 의화단이 북경(北京: 베이징)에 있는 외국 공관지구를 포위 공격하자 러시아와 일본을 비롯한 열강 8개국[4]이 군대를 보내 의화단을 진압했다. 의화단운동 때문에 청나라 조정은 열강들에게 천문학적인 배상금을 물어야 했다. 또한 북경을 포함한 전국 주요 도시와 항구의 조계지(租界地)[5]에 외국 군대의 주둔을 허용해야 했다. 의화단운동의 결과 청나라는 열강들의 반식민지(半植民地)로 전락하게 된다.

한편, 의화단운동이 일어나자 러시아는 동청철도를 보호한다는 구실을 내걸고 수십만 명의 군대를 만주에 파병하여 무력으로 점령했다. 만주를 점령한 러시아는 1903년, 평안북도 용천군 압록강 하구에 있는 용암포(龍巖浦)도 강제로 점령하여 조차지(租借地)로 만들었다. 만주는 물론 조선까지 손에 넣겠다는 야욕이었다.

이것을 가만히 앉아서 보고만 있을 일본이 아니었다. 만주와 조선을 둘러싼 러시아와 일본의 대립은 무력 충돌을 향해 치달았다.

1904년 2월 8일 밤, 일본군이 선전포고도 없이 요동반도 여순항에 정박해 있던 러시아 극동함대를 습격했다. 이어 2월 9일에는 인천 앞바다에 있던 러시아 군함 2척을 격침시키고 인천에 상륙했다. 러일전쟁(露日戰爭)이 발발한 것이다.

4월 말에 압록강을 넘은 일본군과 5월 초에 요동반도에 상륙한 일본군은 만주 각지에서 러시아군과 공방전을 벌였다. 1905년 1월에 여순

---

4) 열강 8개국: 러시아, 일본, 영국, 프랑스, 미국, 독일, 이탈리아, 오스트리아
5) 조계지(租界地): 중국의 28개 주요 도시에 있었던 외국인 거주 지역. 중국의 주권이 미치지 않는 치외법권 지역으로 외국이 행정권과 경찰권을 가지고 있었다. 제국주의 열강들이 중국을 침략하는 근거지였다.

항을 함락시킨 일본군은 그해 3월, 봉천전투에서도 대승을 거두었다.

러일전쟁의 분수령은 대마도해전(對馬島海戰)이었다. 1904년 5월 27일과 28일, 도고 헤이하치로(東鄕平八郞) 제독이 지휘하는 일본 연합함대가 지구를 반 바퀴나 돌아온 러시아의 발틱 함대를 궤멸시킨 것이다.

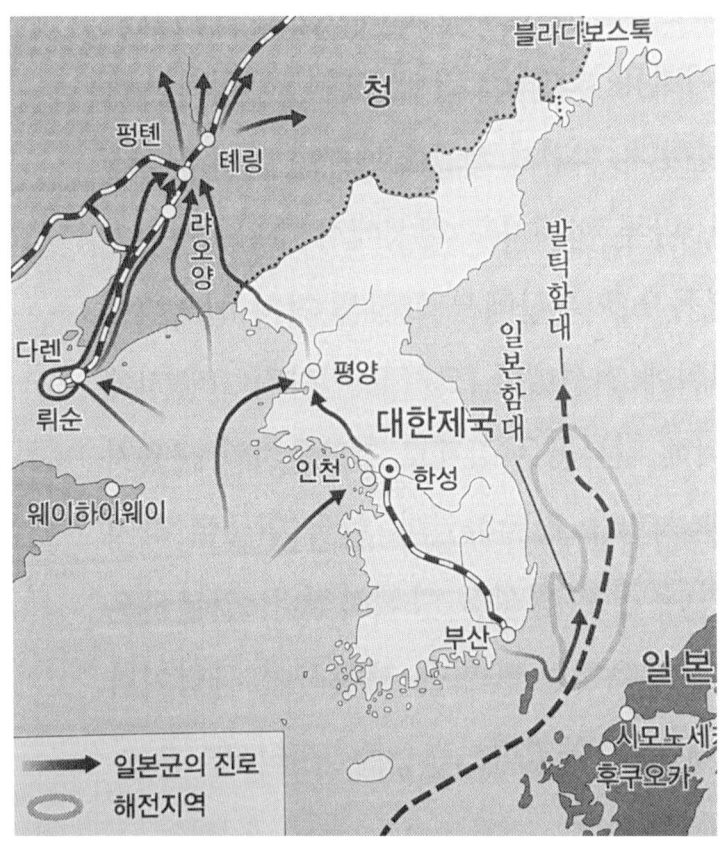

러일전쟁의 전개

러일전쟁은 미국의 중재로 종결됐다. 1905년 9월 5일, 미국 포츠머스에서 일본과 러시아 간에 강화조약이 체결된 것이다. 이때 일본은 러시아의 조차지인 여순과 대련 일대를 인수했다. 제주도의 약 두 배인 3,462㎢에 달하는 면적이었다. 일본은 이 지역을 '관동주(關東州)'라고 불렀다. 산해관(山海關)[6]의 동쪽에 위치한다고 해서 붙여진 이름이었다.

그뿐만 아니라 러시아로부터 남만주철도 중 여순-봉천-장춘을 연결하는 구간의 철도부설권도 인수했다. 그리고 철도를 수비한다는 구실로 철로 1㎞당 15명 정도의 일본군을 배치하는 군대 주둔권까지 확보했다.

일본은 남만주철도를 보호한다는 명목으로 새로 창설된 6개의 독립수비대대를 배치하는데, 이 부대가 바로 관동군(關東軍)의 전신이다. 일본은 철도를 따라 주요 도시와 전략 요충지를 장악함으로써 관동주뿐만 아니라 남만주 일대에까지 세력을 확장했다. 이로써 남만주는 일본의 식민지나 다름없게 되었다.

1905년 10월, 일본은 관동주에 '관동총독부(關東總督府)'를 설치하고 군정을 실시하기 시작했다. 1906년 7월, 관동총독부가 폐지되고 '관동도독부(關東都督府)'가 신설됐다. 하지만 관동주를 경략하는 통치자의 직함이 총독에서 도독으로 바뀌었을 뿐 변한 것은 없었다.

---

6) 산해관(山海關): 만리장성의 동쪽 끝 지점인 하북성(河北省) 진황도시(秦皇島市)에 위치한 관문. 북방 이민족의 침입으로부터 북경을 방어하는 군사적 요충지였다.

여기서 주목해야 할 것은 1906년 11월에 설립된 '남만주철도주식회사(南滿洲鐵道株式會社)'라는 이름의 회사다. 명목은 남만주철도를 경영하기 위해 만들었다고 내세웠지만, 남만주철도주식회사는 이름과는 달리 일개 철도회사가 아니었다. 철도 경영뿐만 아니라 광업, 해운, 항만, 부두, 발전소, 숙박, 창고업, 제철, 지방시설, 교육시설까지 관장하는 대규모의 회사였다. 한마디로 남만주를 식민경영하려는 목적으로 세운 국책회사(國策會社)였던 것이다.

신해혁명과 청 왕조의 멸망

　러일전쟁의 결과 일본은 만주와 중국대륙으로 진출하기 위한 교두보를 확보하게 된 것이다. 그것만이 아니었다. 일본은 열강들로부터 한반도에 대한 배타적(排他的)인 지배권까지 인정받게 된다.

　이처럼 열강들이 앞을 다투어 중국 대륙을 침탈했지만, 청나라의 위정자들은 무기력하기만 했다. 그들은 백성들이 고통을 받든 말든 아랑곳하지 않았다. 나라가 멸망의 길로 치닫고 있었지만, 그들은 오로지 자신들의 이권을 지키는 데에 급급했다.

　참다못한 백성들이 무능한 정부와 외세를 몰아내기 위해 봉기했다. 1899년에 외세배척운동인 의화단운동이 일어났으며, 1905년에는 반정부 세력이 모여 중국 최초의 정당인 중국혁명동맹회(中國革命同盟會)를 결성했다. 소멸해가던 청나라의 마지막 숨통을 끊은 사건은 '무창봉기(武昌蜂起)'가 도화선이 되어 일어난 '신해혁명(辛亥革命)'이었다.

　1911년(신해년) 5월, 청나라 정부는 민영(民營)으로 운영되던 철도를 국유화하겠다고 발표했다. 철도를 담보로 하여 열강들로부터 돈을 빌려 재정난을 타개하기 위해서였다. 그러자 호남성(湖南省: 후난성)·호북성(湖北省: 후베이성)·광동성(廣東省: 광둥성)·사천성(四川省: 쓰촨성) 등지에서 광범위한 반대운동이 일어났다. 특히 사천성에서는 대규모 무장폭동까지 발생했다.

1911년 10월 초, 청나라 정부는 사천성 폭동을 진압하기 위해 호북신군(湖北新軍)을 동원했다. 하지만 호북신군 중 혁명파 군인들이 1911년 10월 10일, 호북성 무창(武昌: 우창)에서 반란을 일으켰다. 무창에서 시작된 혁명운동은 곧 중국 전 지역으로 빠르게 번져나갔다.

불과 한 달여 만에 총 24개의 성(省)중 17개 성(省)이 청나라로부터의 독립을 선언했다. 중국 역사는 이 사건이 신해년(辛亥年)에 일어났다고 하여 신해혁명(辛亥革命)이라고 기록하고 있다. 그해 12월 29일, 혁명세력은 그들의 구심점인 손문(孫文: 쑨원, 1866.~1925.)을 임시대총통으로 선출했다.

손문

1912년 1월 1일, 손문과 혁명세력이 남경(南京: 난징)에서 '중화민국(中華民國)' 정부의 수립을 선포했다. 중화민국은 아시아 최초의 근대적인 공화정부였다.

당연히 청나라 정부는 가만있지 않았다. 가장 강력한 군부세력인 북양군벌(北洋軍閥)의 실권자 원세개(袁世凱: 위안스카이, 1859.~1916.)에게 전권을 이임하고 혁명군 토벌을 명령한 것이다. 하지만 정세는 청나라 정부의 뜻대로 전개되지 않았다.

원세개는 야심이 큰 인물이었다. 원세개는 적극적으로 전투를 하지 않고, 중화민국 정부와 협상을 진행했다. 그 결과 청나라 황제를 퇴위시키고 공화정을 선포하는 대신, 원세개 자신이 중화민국 대총통에 취임한다는 합의를 이루어냈다.

원세개

원세개는 군벌들을 동원하여 청 왕조(王朝)를 압박했다. 결국 1912년 2월 12일, 청 왕조는 마지막 황제인 선통제(宣統帝) 부의(溥儀: 푸이, 1906.~1967.)의 퇴위 조서를 반포했다. 이로써 수천 년 동안 지속되어온 중국의 왕조시대가 막을 내렸다. 손문은 약속대로 원세개에게 총통직을 양보했다. 그해 3월 10일, 원세개가 중화민국 제2대 임시대총통에 취임하여 실권을 장악했다.

한편, 원세개에게 대항할 세력을 모으다 실패한 손문은 1913년 7월, 일본으로 망명한다. 그리고 1914년 7월, 도쿄(東京)에서 중화혁명당(中華革命黨: 중국 국민당의 전신)을 조직하여 원세개에 대한 저항을 계속했다.

원세개는 나라의 장래보다는 자신의 이익만 추구하는 인물이었다. 북양군벌 세력을 등에 업은 원세개는 열강들의 비위를 맞추며 권력을 장악하는데 급급했다. 심지어는 황제를 꿈꾸기까지 했다.

1915년 12월, 원세개가 마침내 황제에 즉위했다. 나라 이름은 중화제국(中華帝國)이었고, 연호는 '홍헌(洪憲)'이었다. 하지만 원세개는 뜻을 이룰 수 없었다. 혁명세력은 물론, 중국 국민들, 영국·러시아·일본 등의 열강, 심지어는 그의 부하들까지 강력하게 반대한 것이다. 결국 1916년 3월에 황제 즉위를 취소한 원세개는 그해 6월, 지병이 도져 병사하고 만다.

군벌들의 전국시대

　원세개가 세상을 떠난 이후, 중국대륙은 10여 년 동안 무정부 상태에 빠져들었다. 십 수 개의 군벌들이 난립하여 세력다툼을 하는 '군벌들의 전국시대(戰國時代)'가 막을 올린 것이다.

　군벌들은 군사력을 바탕으로 각자의 근거지에 할거(割據)하며, 세력을 키우기 위해 끊임없이 서로 분쟁을 일으켰다. 그들은 원세개와 마찬가지로 오로지 자신의 이익만 추구하는 사람들이었다. 군벌들은 지방정부의 수장인 동시에 지역의 대지주였으며, 기업을 운영하는 대자본가이기도 했다.

　그들은 군사력을 유지하기 위한 막대한 비용을 자기 지역의 농민과 상인들로부터 수탈하였으며, 아편을 재배하여 자금을 조달하는 불법도 예사로 저질렀다. 또한 열강들에게 이권을 제공하고 돈을 빌리거나 무기를 원조 받았다.

　군벌 부대의 구성원들은 빈농, 가난한 도시 이주민, 비적(匪賊) 출신들로 구성되었다. 군벌들에게 세금을 수탈당하고 삶의 근거지를 잃은 사람들이 군벌들의 용병으로 전락하였으니, 참으로 아이로니컬한 일이라 하겠다.

군벌은 크게 북부군벌인 북양군벌과 남부군벌로 나뉜다. 남부군벌은 광동성(廣東省: 광둥성)과 광서성(廣西省: 광시성)을 기반으로 하는 계(桂)군벌과 사천성(四川省: 쓰촨성)의 사천군벌, 운남성(雲南省: 윈난성)의 운남군벌 등을 통칭한다. 그 외에도 산서군벌(山西軍閥), 서북군벌(西北軍閥), 신강군벌(新疆軍閥) 등 여러 개의 지방군벌들이 있었다.

이들 중 가장 강력한 세력은 북양군벌에서 갈려나온 3대 계파였다. 안휘(安徽: 안휘성)군벌 단기서(段祺瑞: 돤치루이), 직례(直隸: 하북성)군벌 풍국장(馮國璋: 펑귀장), 봉천(奉天: 요녕성)군벌 장작림(張作霖: 장쭤린)이 그들이었다.

허울뿐인 북경의 중앙정부를 장악한 이들 북부지역의 군벌들은 실권을 장악하기 위해 서로 전쟁을 벌이기도 했다. 군벌들의 군웅할거와 열강들의 이권 개입이 맞물려 중국 대륙은 더욱 혼란에 빠져 들어갔다.

만주의 지배자 장작림과 관동군

장작림

　만주는 봉천을 근거지로 하는 장작림(張作霖, 1875.~1928.)의 관할이었다. 마적단으로 출발하여 동삼성(東三省: 요녕성, 길림성, 흑룡강성)을 다스리는 동삼성순열사(東三省巡閱使) 자리에 오른 장작림은 만주 지역은 물론 중국 북부의 일부 지역까지 지배하여 '동북왕(東北王)'으로 일컬어졌다.

배포가 큰 장작림은 중국 동북지방을 지배하는 것으로 만족하지 않았다. 그의 궁극적인 목표는 천하를 손에 넣는 것이었다. 천하를 손에 넣으려면 막대한 군자금이 필요했다. 장작림은 일본과 손을 잡았다. 일본에게 만주 지역의 여러 이권을 넘기고, 그 대가로 엄청난 액수의 돈을 빌린 것이다. 자연히 만주 지역의 대도시와 전략 요충지는 일본의 영향권에 들어가고 말았다.

신기관 일가가 만주로 이주한 1919년은 조선 땅에서 3·1독립만세운동이 일어난 해이며, 그것을 계기로 중국 상해(上海: 상하이)에서 대한민국임시정부가 출범한 해였다. 또한 요동반도에 먹구름이 몰려온 시기이기도 했다. 후일 만주사변과 중일전쟁을 일으키는 관동군(關東軍)이 탄생한 해였던 것이다.

1919년 4월, 일본은 관동주의 관동도독부를 폐지하고 관동청(關東廳)을 설치했다. 군정(軍政)에서 민정(民政)으로 전환한 것이다. 이에 따라 관동도독부 소속이었던 육군부를 독립시켜 일본 왕 직속으로 관동군사령부를 신설했다.

초대 사령관에는 다치바나 고이치로(立花小一郎) 중장이 임명되었으며, 사령부는 여순에 설치되었다. 관동군은 일본 본토에서 2년마다 교대로 파견되는 1개 사단과 만주독립수비대, 여순요새사령부, 관동헌병대 등으로 편성되었다.

관동군의 주 임무는 요동반도와 철도 연변을 지키는 것이었다. 하지만 시간이 지나면서 가상 적국인 러시아를 방어하는 군대로 그 임무가 변하게 된다. 또한 관동군은 중국 대륙을 침략하는 전위부대의 역할을 하게 된다.

중국 국민당과 공산당, 그리고 군벌

한편, 원세개가 사망하자 일본 망명을 끝내고 중국으로 돌아온 손문은 1917년에 광동성 광주(廣州: 광저우)에서 군정부(軍政府)를 수립하고 대원수에 취임했다. 1919년 10월 10일에는 중화혁명당을 중국국민당(中國國民黨)으로 개칭하고, 중국 통일을 도모했다. 손문은 중국 통일을 위해 남부의 다섯 군벌과 연합했다. 하지만 자신의 군대를 가지지 못한 손문에게는 한계가 있었다.

중국 대륙은 여전히 북경의 중앙정부를 장악하고 있는 북부군벌 연합의 손에 있었다. 손문은 국민당 정부가 '중국 유일의 합법정부'라고 주장했지만, 열강들은 그 주장을 무시하고 북경 정부의 위정자들만 상대했다.

한편, 제정(帝政) 러시아에서 역사적인 대사건이 일어났다. 1917년, 세계 최초로 공산주의 혁명이 성공한 것이다. 그 결과 황제 니콜라이2세가 퇴위하였고, 레닌(Vladimir Il'ich Lenin)이 이끄는 볼셰비키(1918년 3월, 러시아 공산당으로 명칭 변경)가 정권을 잡았다.

20세기를 피로 물들인 공산주의(共産主義)가 태동한 것이다. 이후 공산주의라는 암세포는 주변국으로 급속하게 전이(轉移)되었다. 1921년 7월 1일[7], 중국에서 공산당이 결성되었으며, 1925년 4월 17일에는 경성(서울)에서도 '조선공산당'이 창당된다.

볼셰비키가 비록 정권을 잡았지만, 러시아에는 반대세력들이 많았다. 왕정복고를 시도하는 왕당파(王黨派), 그리고 볼셰비키와 의견을 달리하는 정치세력들이었다. 결국 볼셰비키와 반(反) 볼셰비키 진영 간에 충돌이 일어났다. 볼셰비키 혁명정부가 이끄는 적군(赤軍)과 반대세력을 지지하는 백군(白軍)간에 내전(1918.~1922.)이 발생한 것이다.

5년여에 걸친 내전에서 승리한 쪽은 볼셰비키 소비에트정부였다. 내전에서 승리한 볼셰비키는 1922년 12월에 소련(蘇聯: 소비에트 사회주의공화국연방, Union of Socialist Republics)을 출범시켰다.

러시아에서 혁명이 성공하자 중국인들도 공산주의에 관심을 보였다. 중국 지식인들은 공산주의 사상이 중국에도 도움을 줄 수 있다는 생각을 가지기 시작했다. 그 결과 1921년 7월 1일, 중국 공산당이 결성되었다. 소련은 중국 공산당에 지원을 아끼지 않았다. 소련은 국민당의 손문에게도 손을 내밀었다. 손문은 소련의 지원 제의를 기꺼이 받아들였다.

---

7) 현재 중국에서는 7월 1일을 공산당 창당기념일로 하고 있다. 제1차 전국대표대회가 상해의 프랑스 조계지에서 열린 때가 1921년 7월이었다는 모택동(毛澤東)의 막연한 기억에 의해서 상징적으로 7월 1일을 창당기념일로 정한 것인데, 사실상 대회가 열린 날은 1921년 7월 23일이었다. 7월 1일은 '창당기념일'일뿐 실질적인 '창당일'은 아닌 것이다.

손문이 소련의 제의를 받아들인 궁극적인 목적은 '제국주의(帝國主義)와 군벌(軍閥)의 타도'였다. 손문에게 군벌들은 '사라져야 할 존재들'이었다. 그동안 군벌들의 군사력에 눌려 지냈던 손문은 그들을 타도하기 위해서는 자신의 군대가 필요하다고 절감하고 있었다. 손문은 소련의 지원을 받아 군대를 창설하기로 마음먹었던 것이다.

1924년 1월, 중국 국민당과 공산당, 그리고 중국 공산당을 뒤에서 조종하는 소련 공산당이 제1차 국공합작(國共合作)에 합의했다. 이에 따라 손문은 중국 공산당원들이 개인자격으로 국민당에 입당하는 것을 허용했다. 손문은 광동성 광주에서 개최된 '국민당 제1회 전국대표대회'에서 '중국 국민당 개조선언'을 발표했다. '소련과 연합하고, 공산당과 제휴하여 농민과 노동자를 돕는다.'는 내용이었다.

군대가 필요했던 손문은 군사간부를 양성하기 위해 그해 6월 16일, 광주에 '중국국민당육군군관학교(中國國民黨陸軍軍官學校)'를 설립했다. 이 학교는 광주에서 40여 리쯤 떨어진 주강(珠江)의 '황포도(黃埔島)'에 위치했기 때문에 '황포군관학교'라고 불리었다.

손문은 소련 적군(赤軍: 붉은 군대, 1918년부터 1946년까지 소련 정규군의 명칭)의 군사조직을 본떠서 황포군관학교의 체계를 만들었으며, 초대 교장에 장개석(蔣介石: 장제스), 교관에는 주은래(周恩來: 저우언라이)와 왕정위(汪精衛: 왕징웨이) 등을 임명했다.

1925년에는 '국민혁명군(國民革命軍)'이 창설되었다. 국민혁명군은 국민당의 당군(黨軍)이었다. 이 때문에 '국민당 정부의 군대'라는 의미로 국부군(國府軍)이라고 불렸다. 국부군의 지도부와 장교들은 대부분 황포군관학교 출신들로 구성되었다.

　막강한 군사력을 갖춘 손문은 국부군을 북상시켜 군벌들을 타도하기 위한 북벌(北伐)을 계획했다. 중국의 통일이 눈앞에 보이는 듯했다. 하지만 손문은 뜻을 이루지 못하고 1925년 3월에 간암으로 사망하고 만다.

독립군의 전초기지, 간도

간도 지역

우리 동포가 만주에서 가장 먼저 자리를 잡은 곳은 조선과 인접한 간도(間島)였다. 간도는 길림성 동남부 지역으로, 현재의 중국 연길도(延吉道) 지역을 말한다.

간도는 서간도(西間島)와 동간도(東間島)로

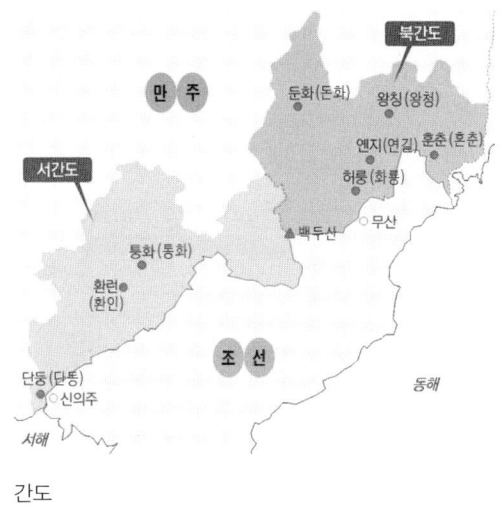

간도

구분된다. 서간도는 압록강과 송화강(松花江)의 상류 지방인 백두산 일대를 가리키며, 북간도(北間島)라고도 불리는 동간도는 훈춘(琿春: 훈춘)·왕청(汪淸: 왕칭)·연길(延吉: 옌지)·화룡(和龍: 허룽)의 네 현(縣)으로 나누어져 있는 두만강 북부의 땅을 지칭한다. 보통 간도라고 하면 조선인들이 많이 살았던 동간도를 말하는데, 현재의 연변(延邊: 옌볜) 조선족자치주와 거의 일치하는 지역이다.

1644년에 성경(盛京: 봉천, 지금의 심양)에서 북경으로 수도를 옮긴 청나라는 만주족의 발상지를 보호한다는 명분으로 간도 일대를 봉금지역(封禁地域: 사람이 사는 것을 금지하는 지역)으로 정했다. 조선인은 물론 중국인도 들어가서 살 수 없는 무인지대로 만들어버린 것이다. 이 때문에 이 지역이 청나라와 조선 사이(間)에 놓인 섬(島)과 같은 땅이 되었다고 하여, 간도(間島)라는 명칭이 붙었다고 한다.

　이 봉금지역에 조선인들이 이주하기 시작한 것은 1869년을 전후해서였다. 함경도 지역에 연이어 흉년이 들자 새 농토를 찾아 간도 지역으로 넘어가기 시작한 것이다. 이후 을사늑약 체결(1905년)과 대한제국군 해산(1907년) 사건이 일어났을 때 봉기했던 의병의 일부가 간도로 망명했으며, 1910년에 경술국치(庚戌國恥)를 당한 이후부터 애국지사들과 수십만 명의 조선유민들이 간도로 대거 이주했다.

　간도 이주 초기, 조선인 동포들은 생활고와 원주민들의 텃세를 견뎌가며 기반을 잡기에 바빴다. 하지만 동포들은 꾸준히 황무지를 개간하여 삶의 터전을 확보하였고, 자치단체를 조직하여 질서를 확립했다. 또한 민족학교들을 설립하여 인재를 기르는 한편, 신흥무관학교(新興武官學校)를 설립하여 독립군을 양성해나갔다. 어떻게 보면 3·1운동이 일어난 1919년까지는 항일무장투쟁을 위한 준비 기간이었다고 할 수 있을 것이다.

　항일무장투쟁에 불을 붙인 것이 3·1운동이었다. 국내에서 일어난 독립만세운동에 자극을 받은 애국지사들이 상해에서 대한민국임시정부(大韓民國臨時政府)를 수립(1919년 4월 13일)하였으며, 간도지역에서는 크고 작은 무장단체들이 생겨나 항일무장투쟁을 개시했다. 1919년 8월, 홍범도(洪範圖) 장군이 '대한독립군' 200여 명을 데리고 국내 혜산진에 진입하여 일본군과 일전을 벌인 것을 신호탄으로 간도지방의 독립군들이 빈번하게 국내진공작전을 벌이기 시작한 것이다.

독립군들은 소규모의 부대로 국내에 진입한 후 불시에 일본 관청이나 경찰지서 등을 습격한 후 한만국경을 넘어가는 전술을 사용했고, 이들을 추격하여 국경을 넘은 일본군들은 매복해있던 독립군들에게 속수무책으로 당하곤 했다. 그 대표적인 전투가 바로 '봉오동전투(鳳梧洞戰鬪)'였다.

1920년 6월, 함경북도 나남(羅南)에 주둔하고 있던 일본군 제19사단의 1개 대대 병력이 두만강 바로 북쪽, 왕청현(汪淸縣)의 조선인 마을 봉오동(鳳梧洞)으로 진격해왔다. 독립군을 추격하여 두만강을 건넜다가 도리어 당하고 돌아온 신미중대(新美中隊)의 설욕을 위해서였다. 하지만 일본군은 홍범도와 최진동(崔振東)이 지휘하는 연합 독립군의 유인매복전술에 휘말려 157명이 전사하고 300여 명이 부상하는 패배를 당한 채 도주하고 말았다.

이에 일본은 만주를 다스리던 봉천군벌 장작림에게 압력을 넣기 시작했다. 일본군이 독립군을 토벌하기 위해 국경을 넘어 출병하려고 하니 허락하라는 내용이었다. 일본의 지원을 받고 있던 장작림은 그 요구를 거절하지 못했다.

장작림은 가장 큰 독립군 단체인 북로군정서(北路軍政署)를 이끌던 백야(白冶) 김좌진(金佐鎭) 장군에게 사자를 보내 만주를 떠나라고 요구했다. 김좌진은 1,500여 명의 부대원을 이끌고 일단 백두산으로 이동하기로 결정했다.

김좌진

하지만 백두산으로 이동하던 북로군정서는 10월 18일, 화룡현(和龍縣) 삼도구(三道溝) 청산리(靑山里)에서 19사단을 주력으로 하는 2만여 명의 일본군에게 꼬리를 잡히고 말았다. 김좌진은 일본군과의 일전을 결심하고 부대를 둘로 나눠 1지대는 자신이 맡고, 2지대는 연성대장 이범석(李範奭)이 지휘하도록 했다.

결과는 북로군정서의 대승이었다. 10월 20일부터 26일까지 10여 회의 전투를 벌인 끝에 독립군은 일본군 1,200여 명을 사살하고 2,100여 명에게 부상을 입히는 대승을 거뒀다. 독립군은 전사자 60여 명에 부상자 90여 명을 냈을 뿐이었다. 독립군 전투사에 길이 빛나는 '청산리대첩'이었다.

청산리대첩의 승전을 자축하는 북로군정서. 맨 앞에 앉아있는 사람이 김좌진 장군이다.

대승을 거뒀지만 독립군은 갈 곳이 없었다. 1920년 12월, 북로군정서를 비롯하여 만주 동삼성(東三省)에 산재해있던 30여 개의 독립군부대 3,500여 명이 중국과 러시아의 국경지대인 밀산(密山)에 모였다.

이들은 밀산에서 독립군단으로 부대를 통합하고 1921년 1월, 국경을 넘어 러시아령 이만(Iman)시로 이동했다. 그리고 일부 독립군은 다시 자유시(自由市: 알렉세프스크, 현재의 스보보드니)로 옮겨갔다.

당시 연해주에는 '한인공산당' 계열인 오하묵(吳夏默)의 자유대대와 '한인사회당' 계열인 박일리아의 사할린대대가 둘로 나뉘어 대립하고 있었는데, 이 두 단체는 이만시와 자유시에 집결한 간도계 독립군들을 서로 자기편에 끌어들이려고 암투를 벌였다.

　1921년 6월 28일, 자유시에서 오하묵의 자유대대가 간도계 독립군과 사할린대대의 무장을 해제하려고 했다. 이 과정에서 교전이 벌어져 사망자 272명, 익사자 31명, 행방불명자 250명이 발생했는데, 이 사건을 '자유시참변(自由市慘變)'이라고 한다. 참변 후 무장해제를 당한 간도계 독립군은 1921년 8월, 이르쿠츠크로 끌려가 고려혁명군여단으로 편성된다. 공산화된 연해주에는 독립군이 설 자리가 없었던 것이다.

　만주도 마찬가지였다. 일본 측이 만주 동북정권의 장작림을 강압하여 무장독립군의 활동을 불법화했기 때문에 독립군은 설 땅이 없어져 버렸다. 이 때문에 만주 지역에서의 대규모 항일무장투쟁은 일시 중지되고 만다.

만주의 유랑민

1919년 2월, 만주로 이주한 신기관이 처음 자리를 잡은 곳은 요녕성(遼寧省) 봉천(奉天: 현재의 심양)[8] 부근의 정가판(鄭家板)이라는 마을이었다. 하지만 얼마 안 되어 길림성(吉林省) 장춘(長春)[9] 근처의 삼가자(三家子)라는 곳으로 옮겨 갔다.

몇 년 동안 삼가자에서 농사를 짓던 신기관은 그곳에서도 정착하지 못하고 다시 흑룡강성(黑龍江省) 하얼빈(哈爾濱)[10] 근처의 대알하(大嘎河), 황산저자(黃山咀子), 해륜(海倫) 등 만주의 각 지방을 전전했다. 거기에는 이유가 있었다.

'희망의 땅' 만주에는 조선인들이 농사를 지을만한 '빈 땅'이 없었다. 이 때문에 조선인들은 원주민(原住民)인 만주족(滿洲族)과 한족(漢族) 지주들에게 땅을 빌려 농사를 지어야 했다. 고향에서 소작농(小作農)[11]으

---

8) 봉천(현재의 심양 瀋陽): 요녕성의 성도(省都)
9) 장춘(長春): 길림성의 성도(省都)
10) 하얼빈(哈爾濱): 흑룡강성의 성도(省都)
11) 소작농(小作農): 남의 땅을 빌려 농사를 짓고 소작료를 내는 농민

로 가난하게 살았던 것처럼 만주에서도 똑같은 처지로 살아야 했던 것이다.

조선인들이 만주로 이주하기 전 중국인들은 밭농사만 짓고 있었다. 만주 벌판이 황무지나 다름없어 논농사는 엄두도 낼 수 없었던 까닭이다. 조선인 농부들은 황무지에 도전했다.

밤낮 없이 척박한 땅을 개간하여 마침내 논농사가 가능하게 만들었다. 얼마 되지 않아 조선인들이 거주하는 지역은 기름지고 비옥한 농경지로 변모했다.

하지만 물어야 하는 소작료가 살인적이었다. 수확한 농산물의 4할을 지주에게 바쳐야 했던 것이다. 소작료보다 더 두려운 것은 마적(馬賊) 패거리였다. 추수철이 오면 마적이 떼로 몰려와 애써 거둔 농산물들을 강탈해가곤 했다. 당시의 만주는 무법천지(無法天地)였다.

농산물을 빼앗겨 당장 겨울 동안 먹고 살길이 막연해진 조선인들은 지주들을 찾아가 다음 추수 때까지의 생활비를 빌려야 했다. 그뿐만이 아니었다. 중국인들의 멸시는 더욱 견디기 힘든 고통이었다. 중국인들은 '나라 잃은 백성'인 조선인들을 무시하고 차별했다.

아무리 뼈 빠지게 일해 봐야 입에 풀칠하기도 힘들었던 만주 지역 조선인들의 삶은 하루하루가 전투나 다름없었다. 신기관이 이곳저곳을 유랑하며 농사를 지었던 것은 이런 사정 때문이었다.

신현준이 여덟 살이 되던 1923년 봄, 신기관 일가는 길림성 삼가자(三家子)에서 흑룡강성 하얼빈 부근의 대알하(大嘎河)로 이사했다. 대알하는 그동안 살았던 정가판(鄭家板)이나 삼가자(三家子)보다도 더 궁벽한 마을이었다.

　삼가자에는 규모가 작긴 했어도 조선인 소년들을 가르치는 농촌 소학교(小學校: 현재의 초등학교)가 있었다. 하지만 대알하는 농촌학교조차 없는 산골짜기 마을이었다. 교육 적령기가 된 신현준으로서는 큰 일이 아닐 수 없었다.

　비록 어려운 살림이었지만, 신기관은 외아들 신현준을 필사적으로 교육시켰다. 1923년의 어느 봄날, 신기관은 70여 리 떨어진 이웃 마을 취원창(聚源昶)으로 신현준을 데리고 갔다. 취원창에는 농촌학교가 있었기 때문이었다.

　그때부터 신현준은 5년여 동안 취원창의 농촌학교 기숙사에서 생활하며 공부를 하게 된다. 조선인 소년들이 다녔던 농촌학교의 선생님들도 조선인이었다. 비록 시설이나 교재 등 모든 상황이 열악했지만, 선생님들은 학생들에게 민족정기와 독립정신을 가르치기 위해 최선을 다했다고 한다. 신현준은 당시를 이렇게 얘기하고 있다.

　　당시 이러한 농촌학교에서 교육을 맡고 있던 선생님들은 대부분 항일 독립운동에 가담하고 있거나, 또는 항일투사들과 관계를 맺고 있었다. 그리하여 나는 그분들로부터 공부 시간에 주로 애국애족과 독립정신을 주제로 한 창가(唱歌) 등을 배울 수 있었다.[12]

---

12) 신현준, 「노해병의 회고록」, P.18.

신현준은 회고록에서 학과공부 이외에도 별도로 천자문(千字文), 훈몽요결(訓蒙要訣), 맹자(孟子) 등을 교재로 하여 한문(漢文)을 배웠다고 한다.

만주에 불어온 붉은 바람

1920년대 만주의 독립운동단체들은 무장단체라기보다는 일종의 자치정부 형태였다. 1924년부터 남만주 지역의 교포사회는 정의부(正義府)와 참의부(參議府)가 통치하고, 북만주와 북간도의 교포사회는 신민부(新民府)가 통치했다.

이들 삼부는 교포사회가 선출하는 임원으로 행정부와 입법부, 사법부를 구성했으며, 교포들에게서 징수한 세금으로 정부를 운영하고 소규모의 군대까지 양성했다. 상해 임시정부가 국민과 영토가 없이 행정부만 있는 정부였다면, 이들 3부야말로 국민과 영토, 그리고 군사력까지 갖춘 실제적인 자치정부였다.

한편, 왕당파(王黨派)와 백군(白軍)을 완전히 제압하고 정권을 장악한 소비에트연방(소련, 1922년 12월 출범)의 대외정책과 공산주의 이념은 조선의 젊은 혁명가들에게 상당한 매력으로 다가오고 있었다.

식민지 수탈에 열을 올리고 있던 열강들과는 반대로, 소련이 식민지나 반식민지 상태에 놓인 약소국 민중의 해방투쟁을 적극 지지했기 때문이었다. 소련 공산당은 중국과 조선의 공산주의자들에게 지원을 아끼지 않았다. 소련 공산당으로부터 중국과 조선의 공산주의자들에게 막대한 자금이 흘러들어갔다.

이 때문에 공산주의 이념은 조선의 지식인과 청년층에게 급속도로 전파되었다. 1925년 4월 17일, 박헌영(朴憲永) 등 19명이 경성 을지로 입구의 중국요리점 아서원에서 비밀리에 '조선공산당(朝鮮共産黨)'을 결성했다.

이어 1926년 5월에는 길림성 영안(寧安: 닝안. 현재는 흑룡강성에 속함)에 '조선공산당 만주총국(朝鮮共産黨滿洲總局)'이 설치되었다. 중국 공산당이 만주 지역으로 진출한 것이 1927년 10월이었던 것과 비교해봤을 때, 만주 지역 조선인 사이에 공산주의 사상이 급속하게 퍼져가고 있었음을 알 수 있다. 만주 지역이 소련과 인접했기 때문일 것이다.

'조선공산당 만주총국'은 삼부(정의부, 참의부, 신민부)에 침투하여 조직을 키워나가기 시작했다. 곧이어 삼부는 민족주의 계열과 공산주의 계열로 나뉘어 여러 개의 단체로 분리됐다. 이후 독립운동단체는 통합되었다가 다시 좌와 우로 나뉘고, 나뉜 조직들이 서로 다른 짝을 찾아 합쳤다가 도로 분리되는, 이합집산(離合集散)을 계속하게 된다.

1930년 1월 24일, 영안에서 청산리대첩의 영웅 김좌진(金佐鎭, 당시 42세)이 공산당원인 박상실(朴尙實)의 권총에 살해당했다. 이후 김좌진을 필두로 수많은 민족주의 계열이 암살을 당했다. 민족주의 계열에게는 조국독립이 중요했지만, 공산주의 계열에게는 '세계의 공산화'가 더 중요했던 것이다.

 공산주의 계열은 방해가 되는 세력을 제거하면서 수단방법을 가리지 않고 세력을 키워나갔다. 민족주의 계열도 가만히 당하고만 있지는 않았다. 결국 민족주의 계열과 공산주의 계열은 일본군과 싸우기보다 같은 민족끼리 서로 죽고 죽이는 유혈극을 벌이게 된다.

 한편, 중국 공산당이 1927년 10월, 하얼빈에 공산당 만주성위원회(滿洲省委員會)를 설치했다. 중국 공산당은 조선인 공산주의자에게 주목했다. 항일무장투쟁에 있어 훌륭한 자원이었기 때문이었다. 중국 공산당은 조선인 공산주의자들을 흡수하기 위해 노력을 기울이기 시작했다.

 때마침 1928년 여름, 제6차 코민테른(Comintern: 국제공산당, Communist International의 약칭) 대표대회에서 '1국가 1공산당제'를 채택했다. 전 세계 공산주의자들은 다른 나라에서 활동할 경우, 그 나라의 공산당에 가입해야 된다는 규칙이었다. 이에 따라 1930년에 '조선공산당 만주총국'이 해체되었으며, 만주 지역의 조선인 공산주의자들은 중국 공산당에 입당하게 된다.

굶어도 공부는 해야 한다

1927년, 신기관 일가는 다시 황산저자(黃山咀子)로 이사했다. 송화강(松花江) 강변에 위치한 황산저자는 하얼빈에서 동북쪽으로 약 30리가량 떨어진 아주 작은 마을이었다.

황산저자에서 신기관 일가는 만주로 이주한 이후 가장 혹독한 시련을 당하게 된다. 그 일대에 내린 폭우 때문에 농사를 망치고 만 것이다. 이 때문에 신현준은 학교를 그만두어야 했다.

먹고살기가 너무도 힘들었던 신기관 일가는 1928년 1월, 하얼빈 시내에 설치된 빈민구제소 인화료(仁和療)로 거처를 옮겼다. 인화료는 극빈층을 수용하는 사회기관으로, 관리 책임자는 나카노(中野)라는 일본인이었다.

그해 4월, 신현준은 하얼빈보통학교(普通學校: 현재의 초등학교)에 편입하게 된다. 어린 신현준이 측은했던지, 나카노가 추천을 하여 학비를 내지 않고 다닐 수 있게 된 것이다. 하얼빈보통학교는 소학교 과정 6년과 고등과(高等科) 과정 2년을 가르치는 부유층이 다니는 학교였다. 가난한 조선인 소년 신현준으로서는 행운이 아닐 수 없었다.

학교에서 신현준이 가장 힘들었던 것은 일본어 실력이 부족하다는 것이었다. 일본 세력이 경제를 장악하고 있던 하얼빈의 이 학교에서는 모든 과목을 일본어로 교육했다. 이미 하얼빈은 일본의 반식민지나 다름없었던 것이다. 이 때문에 신현준은 소학교 과정 2학년으로 편입해야 했다. 신현준은 뒤처지지 않기 위해 일본어를 열심히 공부해야 했다.

신현준 일가는 빈민구제소에서 벗어나기 위해 필사적으로 몸부림쳤다. 아버지 신기관도 그랬지만, 신현준의 어머니도 돈을 모으기 위해 직업전선에 나섰다. 정미소(精米所)에서 쌀을 고르는 일, 떡집 일꾼, 청소부 등 가리지 않고 막일을 했다고 한다.

그 결과 신현준 일가는 1929년 2월, 하얼빈 변두리 신안부(新安埠)에 작은 집을 얻어 이사하게 된다. 거처할 곳을 마련한 신기관은 농사를 짓기 위해 홀로 흑룡강성 해륜(海倫)으로 떠났다. 아들이 명문학교인 하얼빈보통학교에 계속 다닐 수 있도록 혼자 떠난 것이다.

북벌에 나선 중국 국민당

　신현준 일가가 하얼빈의 빈민구제소에서 간신히 연명하던 1928년 6월 4일, 동북왕(東北王) 장작림이 살해됐다. 일본 관동군이 그가 탄 기차에 폭탄을 설치하여 폭사시킨 것이다.

　앞에서도 얘기한 바 있듯이 장작림은 만주 지역의 여러 이권을 제공하는 대가로 일본의 비호를 받았던 인물이었다. 그런데 관동군은 왜 자신들에게 협조적이었던 장작림을 살해한 것일까? 그것은 중국 본토의 상황이 변했기 때문이었다.

　1925년에 손문이 사망하자 장개석(蔣介石: 장제스, 1887.~1975.)이 국민당의 1인자로 부상했다. 국민당을 장악한 장개석은 군벌들을 토벌하기 위한 북벌을 본격적으로 추진했다.

　1926년 7월, 장개석이 국부군을 이끌고 광동(廣東)을 떠났다. 군벌의 폭정에 신음하던 민중은 장개석의 북벌군에게 절대적인 지지를 보냈다. 북벌군은 직례군벌 오패부(吳佩孚: 우페이푸)와 손전방(孫傳芳: 쑨촨팡)을 격파하고 6개월여 만에 양자강 유역을 장악했다.

장개석

북벌 도중이던 1927년, 장개석이 돌연 공산당을 공격했다. 장개석은 공산주의를 못마땅해 한 반공주의자였다. 장개석은 과거에 손문의 지시로 소련을 방문해 정세를 살폈던 적이 있었다. 소련에서 공산주의자들을 접했던 장개석은 그들의 궁극적인 목표가 중국을 포함한 전 세계를 공산화하는 것이라고 느꼈다. 공산주의의 실체를 정확하게 파악했던 것이다.

또한 국민당과 국부군 내에는 공산당 등 좌익계 세력이 상당한 힘을 가지고 있었다. 국민당 내에서 자신의 입지를 확고하게 굳히려면 좌익계 인사들을 배제해야 할 필요가 있었다.

1927년 4월, 장개석은 상해에서 대대적으로 공산당을 숙청했다. 국부군을 동원하여 공산주의자들과 파업 노동자 수천 명을 공격한 것이다. 장개석은 남경에 독자 정부를 수립하였고, 중국 공산당은 시국선언을 통해 제1차 국공합작의 종료를 선언했다. 이후 공산당은 농촌지역과 산간 오지로 잠입하여 세력을 키워나간다.

1928년 4월, 장개석이 제2차 북벌에 나섰다. 이 무렵 대부분의 군벌 군대는 장개석의 국부군에 편입되어 있었다. 하지만 군벌들은 여전히 자치권과 독립권을 보장받고 있었다. 형식상 편입이었지만, 사실상은 가담이라고 하는 편이 옳을 것이다.

제2차 북벌의 대상은 봉천군벌 장작림이었다. 1926년, 북경에서 대원수에 취임한 장작림은 자신의 근거지인 만주뿐만 아니라 북경과 천진(天津: 톈진) 일대까지 장악하고 있었다.

제2차 북벌군은 장개석의 직속군대와 지방군벌 풍옥상(馮玉祥: 펑위샹)·염석산(閻錫山: 옌시산)·이종인(李宗仁: 리쭝런)의 군대로 구성된 4개 집단군 70만 명에 달했다. 장작림도 30만 명에 달하는 동북군(東北軍)을 보유하고 있었지만, 장개석의 국부군을 당해낼 수 없었다. 장개석에게 패하여 북경을 빼앗긴 장작림은 자신의 근거지인 만주로 도주했다.

한편, 정세를 관망하던 관동군 고급 참모 고모토 다이사쿠(河本大作) 대좌는 만주를 침략할 절호의 기회가 찾아왔다고 판단했다. '이 기회에 장작림을 제거해버리자. 그러면 만주가 혼란에 빠질 것이다. 그 틈을 타서 일거에 만주를 장악하는 것이다.'라고 생각한 것이다.

당시 관동군은 관동주에 파견된 '철도경비대'에 불과했다. 병력도 불과 1만 명 정도였다. 하지만 관동군 장교들은 삐뚤어진 엘리트 의식을 가지고 있었다. 외국에 파병되어 국방의 최 일선을 책임지고 있다는 자부심이 그것이었다.

일본은 출신 지역과 학교, 인맥(人脈)을 기반으로 하는 파벌이 심한 나라였다. 지금도 별반 다르지 않을 것이다. 정부와 군부 내에는 각종 파벌과 집단이 얽히고설켜 힘을 겨루고 있었다.

가장 대표적인 집단이 관동군이었다. 군부 내에서 가장 강력한 집단적 엘리트 의식을 가지고 있던 관동군 장교들은 '애국(愛國)'을 앞세워 만주를 침략하는 일에 몰두했다. 게다가 상부의 지시를 무시한 채 독단적으로 행동하는 일이 비일비재했다. 하지만 군 지휘부는 관동군을 강력하게 통제하지 못하고 적당히 눈을 감아주었다. 이 때문에 관동군의 오만과 독선은 갈수록 도를 넘었다.

1928년 6월 4일, 만주로 돌아오던 장작림의 전용열차가 봉천 교외 황고둔(皇姑屯: 황구툰)이라는 마을 부근에서 폭발했다. 철로에 설치된 폭약이 달리던 열차 바로 아래에서 터진 것이다. 관동군 참모 고모토 다이사쿠 대좌가 저지른 사건이었다.

이 사건으로 장작림을 제거하는 데는 성공했지만, 관동군은 만주를 차지하지 못했다. 장작림의 장남 장학량(張學良: 장쉐량, 1898,~2001,)이 발 빠르게 아버지의 권력을 승계한 것이다. 만주를 장악한 장학량은 그해 12월 29일, 장개석에게 복종을 선언했다.

비록 백기를 들었지만, 만주는 여전히 장학량의 영토로 남았다. 앞에서 얘기한 군벌들의 예처럼, 장개석에게 편입되었지만 자치권은 보장받았던 것이다. 그는 국민당 정부가 자신의 영토 안으로 들어오지 못하게 했으며, 어떤 간섭도 허용하지 않았다. 장개석은 승리를 했다는 것에 만족해야 했다.

연합을 한 후, 손문의 묘소를 찾은
장학량(좌)과 장개석(우)

　장학량은 관동군과의 관계도 계속 유지했다. 관동군이 아버지의 폭사사건과 관련이 없다고 시치미를 떼었지만, 장학량은 그들이 범인이라는 사실을 잘 알고 있었다. 하지만 만주를 경제적으로 지배하고 있던 관동군에게 등을 돌릴 수는 없었다. 장학량으로서는 자신의 통치기반을 다지는 것이 급선무였다.

　어찌 되었건 장개석은 신해혁명 이후 20년 가까이 지속된 '군벌시대'에 종지부를 찍고 중국을 통일하는데 성공했다. 하지만 통일은 오래가지 않았다. 불과 2개월 후인 1929년 2월, 함께 '제2차 북벌'을 수행했던 광서(廣西)군벌 이종인이 반란을 일으킨 것이다. 반란은 곧 진압되었지만, 1930년 3월에 이종인·풍옥산·염석산과 국민당 내 불만 세력이 연합하여 장개석을 공격했다.

 장개석 이전의 내전은 각 지역의 군벌들이 천하를 놓고 서로 힘을 겨루는 형국이었다. 장개석이 중국을 통일한 후에는 내전의 양상이 조금 달라졌다. 군벌들이 장개석에게 반란을 일으키는 형태로 변한 것이다. 어찌 되었건 중국은 다시 내전의 수렁에 빠져들고 말았다.

만주사변

 장작림을 제거하고 만주를 점령하려다가 실패한 관동군은 호시탐탐 만주를 노렸다. 그리고 1931년 9월, 만주사변(滿洲事變)을 일으키기에 이른다. 일을 꾸민 주모자는 관동군 참모 이타가키 세이시로(板垣征四郎) 대좌와 이시와라 간지(石原莞爾) 중좌였다.

 이타가키 세이시로와 이시와라 간지의 만주 침략 계획은 '날조(捏造)와 모략'을 기반으로 하고 있었다. 장학량의 동북군으로 변장한 관동군이 만철(滿鐵: 남만주철도의 약칭)을 폭파한 후, 이것을 트집 잡아 관동군이 출동한다는 시나리오였다.

 당시 동북군 병력은 30만 명에 달했다. 장학량이 있는 북경 일대에 15만 명이 주둔하고 있었으며, 만주 지역에도 15만 명이 배치되어 있었다. 1만 명에 불과한 관동군이 동북군과 전쟁을 벌인다는 것은 얼핏 무리한 일로 보였다.

 하지만 이타가키와 이시와라는 자신만만했다. 일본의 자본에 의해 경제적으로 예속되어 있는 만주 지역은 이미 자신들의 반식민지나 다름없었기 때문이었다. 게다가 철도와 거류민을 보호한다는 명목으로 자신들이 남만주의 주요 요충지들을 장악하고 있지 않은가.

1931년 9월 18일 밤, 봉천 외곽 류조호(柳條湖: 류탸오후) 부근의 만철 철로가 폭파되었다. 이타가키 대좌가 꾸민 일이었다. 폭파사건이 일어나자마자 이타가키는 관동군(제2사단과 독립수비대)에게 출동을 명령했다. 본국 정부와 육군, 심지어는 관동군사령관에게 허가도 받지 않고 독단적으로 내린 결정이었다. 군의 위계질서 상 도저히 있을 수 없는 일이었다.

하지만 만주사변이 성공적으로 끝난 후, 이타가키와 이시와라는 징계를 받기는커녕 진급을 하게 된다. 이것이 본보기가 되어, 출세와 공명심에 눈이 먼 수많은 청년 장교들이 이들의 뒤를 따르게 된다.

출동한 관동군은 봉천성(奉天城)과 봉천성 외곽에 위치한 동북군의 주둔지 북대영(北大營)을 일제히 공격했다. 다음 날인 9월 19일, 하야시 센주로(林銑十朗) 조선군사령관이 파견한 경성(서울) 주둔 조선군 제20사단이 압록강을 건너 봉천으로 진격했다.

이 또한 상부의 지시 없이 이루어진 일이었다. 하야시 조선군사령관은 관동군 수뇌부와 '관동군이 만주를 공격하면 즉시 조선군을 파병하겠다.'는 밀약을 맺고 있었던 것이다.

9월 20일, 관동군이 봉천과 장춘을 점령했다. 9월 21일에는 길림성 전역이 관동군의 수중에 들어갔다. 불과 3일 만에 남만주 전역을 장악한 것이다. 그야말로 파죽지세였다.

하지만 급보를 받은 장학량은 움직이지 않았다. 북경 일대의 영토를 포기할 수 없었기 때문이었다. 군대를 만주로 돌릴 경우, 염석산 등 화북지방의 군벌들이 북경을 공격할까봐 우려했던 것이다.

게다가 장학량은 상황을 오판하고 있었다. 관동군은 이전에도 무력도발을 한 적이 있었지만, 적당한 선에서 협상을 하고 물러났었다. 장학량은 이번에도 협상을 통해 사건을 마무리할 수 있을 것이라고 여겼다. 명백한 오판이었다. 9월 23일, 장학량은 관동군과의 협상에 나섰다. 하지만 남만주를 점령한 관동군은 장학량의 제안을 무시하고 북만주로 진격했다.

만주국 건국

 1931년 11월 9일, 흑룡강성 치치하얼(齊齊哈爾)이 함락되었다. 1932년 1월 3일에는 금주(錦州)가 조선군 제20사단에게 점령당했으며, 2월 5일에는 마지막 거점인 하얼빈마저 관동군 제2사단에게 함락되었다. 장학량은 북경으로 후퇴하고 말았다. 이로써 만주 전 지역이 관동군의 손으로 넘어가고 말았다.

 만주를 손에 넣은 관동군은 1932년 3월 1일, 신경(新京: 길림성 장춘을 신경으로 개칭)을 수도로 괴뢰국가인 만주국을 건국했다. 그리고 청나라의 마지막 황제였던 선통제(宣統帝) 부의(溥儀)를 만주국의 황제로 추대했다.

 만주국은 다민족국가인 미국을 모델로 '오족협화(五族協和)'를 표방했다. 오족협화란 만주족을 비롯하여 한족(漢族)·몽골족·일본인·조선인의 다섯 민족이 서로 협력해서 평화로운 국가를 만든다는 뜻이었다.

 대외직으로는 그렇게 선전했지만, 실상은 '만주제국 주차(駐箚) 일본제국 특명전권대사'를 겸임한 관동군사령관이 통치하는 괴뢰정부였다. 다시 말해, 만주국은 일본의 괴뢰정부라기보다 관동군의 괴뢰정부였다.

만주국 수립과 함께 만주국군(滿洲國軍)이 조직되었다. 장학량의 동북군에서 투항한 6만 명을 기반으로 하는 10만 명 정도의 규모였다. 만주군의 주 임무는 만주국에 저항하는 항일부대의 소탕과 국내의 치안 유지였다. 관동군을 보좌하는 경비대 수준의 군대였던 것이다.

같은 해 7월에는 봉천 교외의 군 시설인 동대영(東大營)에 2년 단기의 군관양성소인 만주국 중앙육군훈련처가 설치됐다. 공식 명칭은 중앙육군훈련처였지만, 다들 봉천군관학교(奉天軍官學校)라고 불렀다. 봉천군관학교는 잡다한 중국 군벌 출신의 장교들을 재교육하는 한편, 예비역 일본군도 뽑아 단기 교육을 실시한 후 현역 장교로 임관시켰다.

일본군 통역이 되다

만주국이 세워지던 1932년, 신현준은 하얼빈보통학교 고등과 과정에 다니는 17세의 청소년으로 성장해 있었다. 새해가 되자 신현준은 고민했다. 부모님들이 빈궁한 가정 형편 때문에 고생하고 있는데, 자신만이 편하게 학교에 다니는 것이 죄스러웠던 것이다. 철이 들었다는 얘기다. 얼마 동안 고민한 끝에, 신현준은 중학교 진학을 포기하고 돈을 벌기로 결심한다. 하지만 아직 나이 어린 신현준에게 마땅한 일거리가 없었다.

만주국이 수립된 이후에도 만주 각지에서는 옛 동북군을 중심으로 하는 저항군이 항일투쟁을 계속했다. 이들을 토벌하기 위해 관동군의 병력이 증강됐다. 만주사변 당시 1만 명에 불과했던 관동군은 1932년에 9만 4천 명, 1935년에는 16만 4천 명으로 계속 늘어나게 된다.

신현준이 진로를 놓고 고민하던 1932년 초, 귀가 솔깃한 소문이 들려왔다. 일본군 부대에서 통역 요원을 모집한다는 소식이었다. 당시 하얼빈 시 남강(南崗)에는 관동군에 배속되어 일본 본토에서 건너온 육군 제14사단이 들어와 있었다. 제14사단의 임무는 저항군 토벌이었다. 일본에서 파견되었기 때문에 중국어에 능숙하지 못한 일본군 장교들이 통역을 모집했던 것이다. 소문에 의하면 상당히 후한 보수를 준다고 했다. 신현준은 통역 시험에 응시해보기로 마음먹었다.

> 그 이유는 무엇보다도 몹시도 빈궁(貧窮)하였던 당시의 가정 형편에 있었는데, 나는 어릴 때부터 중국어를 배워서 자유롭게 말할 수 있었기 때문에, 이를 무기로 일본군에 종사하면 다소라도 어려운 집안 살림을 도울 수 있으리라 생각했던 것이다.[13]

혹시나 하고 부대를 찾아가 구두시험(口頭試驗)을 치른 신현준은 뜻밖에도 그 자리에서 합격 통보를 받았다. 하지만 아들을 중학교에 진학시킬 수 없었던 신현준의 어머니는 매우 가슴이 아팠던 것으로 보인다. 신현준이 떠나기 전날 밤, 그의 어머니가 강의록을 내밀었다. 18개월에 걸쳐 중학교 전 과정을 공부할 수 있도록 총 18권으로 구성된 굉장히 비싼 교재였다. 몇 년 동안 모아두었던 비상금을 모두 털었을 것이 분명했다.

> 당시 내게 강의록을 사주시면서 내게 하신 어머님의 간곡한 말씀은 지금까지도 생생하여 잊히지 않는다.

---

13) 신현준, 「노해병의 회고록」, P.31.

어머님의 말씀인즉 "우리 형편이 어려워 너를 중학교에 못 보내는 것이 몹시 가슴 아프다. 하지만 네 장래를 위해서라면 내 목숨까지도 기꺼이 내놓을 각오가 되어있으니, 너는 이 강의록으로나마 공부를 열심히 해다오."라는 것이었다.

그 뒤 나는 이 강의록을 한 장 한 장 읽어 내려갈 때마다, 이 책을 사주시기 위해서 쌀을 한 알 한 알 고르시며 일하시던 어머님의 모습이 떠오름과 동시에, 내게 해주신 말씀과 그 말씀 속에 담긴 뜨거운 애정과 은혜를 생각하면서 더욱 열심히 공부하겠노라 다짐하곤 하였다.[14]

신현준이 처음 맡은 임무는 사단 참모 다테이시 효료(立石方亮) 대위의 전속 통역이었다. 일본군 제14사단은 그해 2월 초, 하얼빈에서 북방으로 100㎞ 떨어진 수화(綏化: 쑤이화)로 이동했다. 수화에서 6개월 동안 저항군 토벌작전을 수행한 부대는, 그해 10월에 다시 이동하여 치치하얼에 주둔했다.

다음 해인 1933년 2월경, 만주 지역의 저항군이 거의 토벌되었다. 관동군의 다음 목표는 열하성(熱河省: 러허성)이었다. 열하성은 현재의 요녕성(遼寧省: 랴오닝성)과 하북성(河北省: 허베이성), 그리고 내몽고자치구의 중간 지역이다. 1955년에 열하성이 폐지되면서 이 세 지역에 나뉘어 편입됐다.

1933년 1월 1일, 관동군이 열하성을 공격하기 시작했다. 북경에 있

---

14) 신현준, 「노해병의 회고록」, PP.28-29.

던 장학량은 사령부를 열하성의 성도 승덕(承德: 청더)으로 옮기고 열하성 사수에 들어갔다. 하지만 동북군은 변변히 싸워보지도 못하고 이번에도 힘없이 무너졌다. 3월 4일, 관동군이 승덕에 입성했다. 이로써 열하성 전역이 관동군의 수중에 들어갔다. 전황이 이렇게 되자, 장학량은 패전의 책임을 지고 하야했다.

관동군은 여세를 몰아 만리장성으로 진격했다. 5월 7일, 관동군이 만리장성을 돌파했다. 이제 북경이 함락되는 것도 시간 문제였다. 초조해진 장개석이 관동군에게 정전협정을 제의했다.

1933년 5월 31일, 천진 외항(外港)인 당고(塘沽: 탕구)에서 정전협정이 체결되었다. 협정 결과 만리장성 이남과 북경 북쪽 사이에 비무장지대가 설정되었다. 이에 따라 관동군이 만리장성 이북으로 철수하였으며, 중국군도 만리장성 이남으로 물러났다. 중국으로서는 치욕적인 협정이었다. 만주 지역은 물론, 만리장성 북쪽 지역에 대한 일본의 지배를 사실상 인정한 셈이 된 것이다.

동북항일연군의 투쟁

1931년 9월에 만주사변이 일어나자 민족주의 계열 독립군의 항일무장투쟁에도 다시 불이 붙었다. 독립군이 장학량의 동북군과 연합전선을 편 것이다.

이청천

이청천(李靑天) 총사령관이 이끄는 '한국독립당군(韓國獨立黨軍)'이 '길림자위군'과 연합하여 1932년 9월과 11월, 두 차례에 걸쳐 쌍성(雙城)을 공격하여 대승을 거뒀다. 이청천 장군은 이어 '중국의용군'과 연합군을 형성하여 동경성전투(東京城戰鬪, 1933년 5월)와 대전자전투(大甸子戰鬪, 1933년 6월)도 승리로 이끌었다.

하지만 그것으로 끝이었다. 만주국이 확고하게 자리를 잡아가자, 더 이상 독립군이 발을 붙일 근거지가 없었던 것이다. 1933년 10월, 이청천이 만주를 떠나 중국 본토로 이동했다. 이로써 만주에서의 민족주의 계열 무장독립군 활동은 종말을 고했다. 중국 본토로 옮겨간 독립군의 대부분은 장개석의 국부군이나 군벌들의 부대에 들어가 항일무장투쟁을 계속했다.

대표적인 민족주의 계열 독립운동가인 이청천 장군 일행이 중국 본토로 이동한 후, 만주 지역에서 항일무장투쟁을 계속한 것은 공산주의 계열이었다. '국제연대투쟁(國際連帶鬪爭)을 통해 중국혁명과 조선혁명을 동시에 수행한다.'는 목표 하에 중국 공산당의 일원으로 항일무장투쟁에 나선 것이다.

만주사변이 일어나자, 모택동(毛澤東: 마오쩌둥)이 이끄는 중국 공산당 중앙위원회는 즉각 만주성위원회에 항일유격대의 창설을 지시했다. 1931년 10월의 일이었다. 이에 따라 만주성위원회는 만주 각지에서 유격대들을 창설하여 게릴라전을 펼쳤다.

이어 1933년 1월, 중앙위원회의 지시에 따라 남만주와 동만주의 항일유격대들을 통합하여 '동북인민혁명군(東北人民革命軍)'을 조직했다. 그리고 1936년 3월에는 모든 항일무장투쟁단체의 연합전선을 형성할 목적으로 '동북인민혁명군'을 확대하여 '동북항일연군(東北抗日連軍)'을 만들었다.

총 3로군(路軍) 11군(軍)으로 편제된 동북항일연군은 약 1만여 명으로 추정된다. 제1로군(1·2군)은 남만주, 제2로군(4·5·7·8·10군)은 동만주, 그리고 제3로군(3·6·9·11군)은 북만주에서 활동했다. 조선인들은 동북항일연군 중에서 주로 제1로군에 편성되었다.

　광복 후, 소련군을 등에 업고 북한 정권을 수립한 김일성(金日成)을 비롯한 김책(金策), 서철(徐哲), 안길(安吉), 오백룡(吳白龍), 임춘추(林春秋), 최용건(崔庸健), 최현(崔賢) 등이 동북항일연군에서 활동했던 조선인들이다.

일본군에서 만주군으로

1932년 10월부터 2년여 동안 치치하얼에서 다테이시 대위의 전속 통역으로 근무한 신현준에게 인생의 전기(轉機)가 다가왔다. 1934년 1월, 다테이시 대위가 소좌(少佐: 소령)로 승진하면서 도쿄의 육군참모본부(陸軍參謀本部)로 전출된 것이다. 다테이시가 떠나자 신현준은 진로에 대해서 다시 고민하기 시작했다.

그러던 어느 날, 사단 작전참모 세키 겐로쿠(關原六) 대좌(大佐: 대령)가 신현준을 집무실로 불렀다. 그는 얼마 전에 진급하여 열하성의 수도 승덕에 있는 만주군 제5군관구의 수석고문으로 부임을 앞두고 있었다.

당시 만주군은 6개의 군관구(軍管區)로 나뉘어져 있었다. 관구사령부는 각각 봉천(제1관구), 길림(제2관구), 치치하얼(제3관구), 하얼빈(제4관구), 승덕(제5관구), 목단강(牧丹江, 제6관구)에 설치되어 있었다.

만주군에는 관동군이 파견한 고문부(顧問部)라는 조직이 있었다. 만주군의 모든 공문 서류는 고문부를 거쳐야 했다. 인사, 병기, 교육

훈련, 경리 등 모든 공무가 고문부의 승인을 받아야 시행될 수 있었다. 말이 고문부이지 사실은 만주군을 배후에서 조종하는 막강한 힘을 가진 조직이었다. 따라서 일본인 고문들은 무소불위(無所不爲)의 권력을 가지고 있었다.

세키 대좌는 신현준에게 자신을 따라 열하성에 가지 않겠느냐고 제안했다. 중국어에 능통한 통역이 필요해서이기도 했겠지만, 일본군 장교들 사이에서 신현준이 꽤 신뢰를 얻고 있었다는 사실을 엿볼 수 있는 대목이다. 진로를 고민하던 신현준으로서는 마다할 이유가 없었다.

1934년 2월, 신현준은 세키 대좌를 따라 치치하얼을 떠났다. 승덕으로 가는 도중 봉천에서 하룻밤 묵게 되었을 때, 신현준이 세키 대좌의 숙소를 찾아갔다. 무슨 일이냐는 듯이 바라보는 세키 대좌에게 신현준이 조심스럽게 말을 꺼냈다.

"이제 만주군에 종군하게 되었으니, 이왕이면 만주군에 정식으로 입대하여 장교가 되었으면 합니다."

2년 전에 설치된 봉천군관학교 시험에 응시해보겠다는 얘기였다. 신현준이 틈틈이 중학교 과정을 공부하고 있다는 것을 알고 있던 세키 대좌가 호의적인 반응을 보였다.

"그래, 자네 생각이 그렇다면 전보다 더 열심히 공부해야 할 거야."

신현준은 만주군 제5군관구 고문부(顧問部)에 소속되어 1년여 동안 세키 대좌의 통역으로 근무했다. 1935년 3월, 세키 대좌가 신현준을 제5군관구 예하 제34단(團: 연대)으로 배속시켰다. 일선 부대에서 실무

경험을 쌓도록 배려한 것이다. 신현준의 임무는 단장(團長: 연대장)과 제34단에 근무하는 일계군관(日系軍官)들의 통역을 맡는 것이었다. 일계군관은 일본군 예비역 출신으로, 단기 교육을 받은 후에 다시 만주군 장교로 임관한 사람들을 말한다.

일본군과 만주군 안의 조선인 장교

　신현준은 제34단에서 낮에는 통역으로 근무하고, 밤에는 봉천군 관학교 입학시험을 준비했다. 그리고 34단에서 근무한지 1년여가 지난 1936년 4월, 봉천군관학교 제5기 군관후보생 시험에 합격한다. 그의 나이 21세 때였다.

　여기서 한 가지 짚고 넘어갈 대목이 있다. 여러 가지 정황으로 봤을 때, 일본은 조선인들을 일본군 장교로 임관시키는 것을 꺼렸던 것으로 보인다는 것이다.

　조선 왕조와 대한제국 시절, 고종황제와 순종황제는 우리 무관들을 일본육군사관학교에 유학 보내 선진 군사학을 배워오게 했다. 그 마지막 기수가 '대한제국의 유복자(遺腹子)'로 불리는 일본 육사 26기와 27기들이다.

　1905년 11월, 일본은 대한제국과 을사보호조약(乙巳保護條約)을 체결하여 외교권을 강탈했다. 말이 조약이지 일본이 강제로 밀어붙인 늑약(勒約)이었다. 이로써 대한제국은 일본 정부를 거치지 않고는 다른 나라와 조약을 맺을 수 없는 껍질뿐인 나라가 되고 말았다. 명목상으로는 일본의 보호국이었지만, 사실상의 식민지로 전락하고 만 것이다.

일본은 대한제국을 합병(合倂)하기 위해 1907년 8월 1일, 대한제국군(大韓帝國軍)을 해산했다. 합병 1년 전인 1909년 7월 30일에는 대한제국의 사관학교에 해당하는 육군무관학교(陸軍武官學校)까지 폐쇄해버렸다.

그리고 무관학교에 재학 중이던 생도 44명을 일본으로 데려가 도쿄육군중앙유년학교(陸軍中央幼年學校)에 편입시켰다. 생도들 중 33명이 유년학교를 거쳐 일본 육사를 졸업했는데, 26기 13명과 27기 20명이 그들이다.

26기(1914년 5월 졸업)와 27기(1915년 5월 졸업) 이후, 49기가 일본 육군사관학교에 입교하던 1933년까지 거의 20여 년 동안 일본은 조선인을 육사에 받아들이지 않았다.

예외가 있기는 했다. 당시 일본 왕족의 남자들은 반드시 육사에 진학해야 했는데, 일본은 그 기준을 적용하여 조선의 왕공족(王公族)도 육사에 입교시켰다. 고종황제의 일곱째 아들인 영친왕(英親王) 이은(李垠)이 29기로 일본 육사를 졸업했고, 고종황제의 다섯째 아들인 의친왕(義親王) 이강(李堈)의 두 아들 이건(李鍵)과 이우(李鍝)가 각각 42기와 45기로 졸업했다.

또 다른 예외는 영친왕 이은의 '어학우(御學友)' 조대호(趙大鎬)와 엄주명(嚴柱明)이었다. 1907년, 일본은 고종황제를 퇴위시키고, 고종의 둘째 아들 이척(李坧)을 순종황제로 등극시키면서 일곱째 아들인 이은을 황태자에 책봉했다. 그때 이은의 나이 10세였다.

이은은 황태자 책봉 직후인 그해 12월, 유학 명목으로 일본에 끌려가게 되는데, 그때 이은을 모시기 위해 이른바 '어학우'로 딸려 보낸 사람들이 조대호(당시 12세)와 엄주명(당시 11세)이었다. 조대호는 이완용 내각의 대신(장관)이었던 조중응(趙重應)의 아들이었고, 엄주명은 고종황제의 계비(繼妃)인 엄귀비(嚴貴妃)의 조카로 영친왕 이은과는 외사촌 간이었다. 조대호는 영친왕과 함께 29기로 졸업했고, 중도에 몸이 아파 1년 동안 병을 치료했던 엄주명은 30기로 졸업했다.

아주 특이한 경우가 45기 이형석(李炯錫)이었다. 그는 위탁교육이나 편입의 형식으로 일본 육사에 입교한 선배들과 달리, 육사 시험에 응시하여 합격한 첫 번째 조선인이었다. 대단한 수재라고 하겠다.

1931년에 만주사변을 일으켜 만주를 집어삼킨 후, 일본 군부의 태도가 돌변했다. 1932년부터 한반도 내의 중학교(5년제)에 파견 나와 있던 배속장교(配屬將校)들이 갑자기 우수한 조선인 학생들을 찾아다니며, 육사 지원을 권유한 것이다. 만주를 점령한데다가 중국 대륙까지 침공하려는 일본군으로서는 우수한 장교의 충원이 필요했던 것이다.

1932년 11월, 서울 용산의 조선군사령부에서 2천여 명의 일본인과 조선인이 1차 신체검사를 가졌다. 그리고 1주일 후, 합격자들을 대상으로 각 지구별로 2차 필기시험을 치렀는데, 시험 결과 2명의 조선인이 합격했다. 1933년 4월에 일본 육사 49기로 입교한 채병덕(蔡秉德)과 이종찬(李鍾贊)이 그들이다.

49기를 기점으로 일본 육사 입시 경쟁에 불이 붙어 수많은 조선인 청년들이 시험에 응시했다. 49기부터 1945년 4월에 입교한 61기까지 총 72명이 일본 육사에 들어가게 되는데, 이들을 계림회(鷄林會: 49기가 만든 친목단체)라고 한다.

조선인을 꺼렸던 것은 만주의 관동군도 마찬가지였던 것으로 보인다. 다음은 제9대 합참의장을 역임한 장창국(張昌國, 1924.~1997.) 예비역 육군 대장이 저술한 '육사졸업생'에 나오는 내용이다. '육사졸업생'은 대한민국 육군사관학교 출신뿐만 아니라 광복군계, 일본군계, 만주군계 등 창군에 참여한 군 원로들의 계보를 정리한 책이다.

> 원래 조선인은 만주군에서는 장교가 될 수 없었다. 장교 자격규정을 일계(日系)·몽계(蒙系)·만계(滿系: 만주 거주 중국인)로 명문화해놓았던 것이다. 그러나 1936년 홍사익(洪思翊) 장군이 관동군사령부에 전속 와서 만주국 군사부(국방부) 교육고문을 겸직하게 되었을 때, 규정을 고쳐 우선 현역으로 있던 한인(韓人) 사병들에게 장교가 될 수 있는 길을 터주고, 이듬해부터는 무관학교 모집대상에 선계(鮮系)를 포함시켜 모집공고를 내게 했다.[15]

여기서 몇 군데 바로잡을 부분이 있다. 우선, 봉천군관학교에서 조선인을 전혀 받아들이지 않았다는 것은 사실이 아니다. 군수병과에 김주찬, 경리병과에 김정호라는 인물들이 있는데, 1기 또는 2기로 추

---

15) 장창국, 「육사졸업생」, P.24.

정된다. 그들이 봉천군관학교에 입교할 수 있었던 것은 전투병과만 군인으로 쳐주는 일본군의 전통 덕분이었을 것으로 추정된다.

장창국이 언급한 홍사익(1887.~1946.) 장군은 대한제국 육군무관학교 재학 중에 일본으로 끌려갔던 44명 중의 1명이다. 일본 육사를 우수한 성적(26기 739명 중 22등)으로 졸업한 홍사익은 무관생도들 중 유일하게 장성이 되어 육군 중장까지 진급했다. 하지만 1946년 9월 26일, 필리핀에서 전범(戰犯)으로 처형되는 비극적인 삶을 산 인물이다. 참고로 광복군 총사령관 이청천 장군도 26기 출신이다.

홍사익

일본 육군보병학교 교관으로 근무하던 홍사익 소좌(소령)가 관동군 사령부로 전속된 때는 1936년이 아니라 1933년 4월이었다. '육사졸업생'을 집필할 당시, 장창국 장군이 워낙 방대한 자료들을 다루다보니 약간의 오류가 있었던 것으로 보인다.

홍사익이 힘을 써서 '만주군 사병으로 복무하다가 봉천군관학교에 입교한 조선인들'은 김응조(金應祚)와 계인주(桂仁珠)를 비롯한 제4기 5명을 가리킨다. 아마도 조선인 하사관과 사병들에게 일종의 편입시험을 치르게 하여 선발했던 것으로 생각된다.

제5기 선발시험은 정식으로 조선인을 뽑은 첫 번째 시험이었다. 이 시험에서는 만계(滿系) 350명을 선발했는데, 그 안에 조선계 18명이 포함되었다. 신현준도 그 18명 중의 한 명이었던 것이다. 제5기생들의 명단이다.

제1구대: 김신도(金信道), 김백일(金白一, 본명 김찬규金燦圭), 김홍준(金洪俊)
제2구대: 문용채(文容彩), 윤춘근(尹春根), 이두만(李斗萬)
제3구대: 김석범(金錫範), 송석하(宋錫夏), 정일권(丁一權)
　　　　　 최경만(崔慶萬), 최구룡(崔九龍)
제4구대: 강기태(姜琪泰), 문리정(文履禎), 석희봉(石希峰)
　　　　　 신현준(申鉉俊), 전해창(全海昌), 차명환(車明煥)
군수구대: 김일환(金一煥)

1937년 1월, 봉천군관학교 제5기 한국인 생도들. 뒷줄 왼쪽으로부터 ①신현준 ④김석범 ⑤최구룡 ⑥김홍준 ⑦김백일 ⑧문리정 ⑨윤춘근 ⑩김일환 ⑪문용채, 앞줄 왼쪽으로부터 ①송석하 ③정일권 ⑦최경만 ⑧강기태

봉천군관학교 입교

제5기 18명은 이후에 신설되는 신경군관학교를 포함하여 그 어느 기수보다도 화려한 면모를 자랑한다. 이들 중 많은 수가 광복 후에 대한민국 국군과 정부에서 요직을 지냈다.

가장 대표적인 인물이 정일권(丁一權)이다. 정일권은 제5대와 제8대 육군총참모장을 역임하고 육군 대장으로 예편한 후, 국회의장과 국무총리를 역임했다.

김일환(金一煥)은 육군 중장으로 예편했으며, 국방부 차관과 상공부·내무부·교통부 장관을 지냈다.

김석범(金錫範)은 신현준에 이어 제2대 해병대사령관을 역임하였고, 해병 중장으로 예편했다.

김백일(金白一)은 6·25전쟁 중 제1군단장으로 활약하다가 1951년 3월에 비행기 사고로 순직했다. 이후 육군 중장에 추서됐다.

송석하(宋錫夏)와 윤춘근(尹春根)은 육군 소장, 문용채(文容彩)와 최경만(崔慶萬)은 육군 준장까지 진급했다.

2년제인 봉천군관학교는 입교 전에 몇 달 동안 기초 군사훈련을 시키고, 1년 동안 학교에서 정식 교육을 실시했다. 그 후 몇 개월 동안 견습사관(見習士官)으로 복무하게 한 후 정식으로 부대에 배치했다. 기초 훈련 기간과 견습사관 기간을 제외한 실제 교육 기간은 1년이었던 것이다.

이 절차에 따라 신현준은 1936년 6월부터 4개월 동안 열하성 난평(灤平)에 위치한 제5교도대(敎導隊: 교육대)에서 기초 군사훈련을 받은 후, 그해 10월에 봉천군관학교에 입교하여 다음해인 1937년 9월까지 초급장교 교육과정을 이수했다.

학교를 졸업한 신현준은 그해 10월 1일, 보병 제35단(연대)의 박격포연(迫擊砲連: 박격포중대)에 견습사관으로 배속되었다. 배속된 지 3개월여 후인 1937년 12월 27일에 만주국 육군 소위로 임관한 신현준은 1938년 3월까지 총 6개월 동안 제35단에서 근무하게 된다.

중일전쟁

신현준이 봉천군관학교에서 한창 교육을 받고 있던 1937년 7월, 중일전쟁이 발발했다. 1937년 7월 7일 밤, 북경 서남 교외의 작은 돌다리인 '노구교(蘆溝橋: 루거우차오)' 근처에서 일본 지나주둔군(支那駐屯軍)이 야간 훈련을 실시하고 있었다. '지나(支那)'는 중국의 다른 이름이다.

지나주둔군은 '의화단의 난(1899.~1901.)' 이후 일본 공사관과 거류민을 보호한다는 명목으로 천진(天津)의 일본 조계에 파견한 부대였다. 1933년까지 1개 대대에 불과했던 지나주둔군은 중일전쟁이 일어나던 당시에는 1개 혼성여단(2개 보병연대)과 1개 포병연대, 1개 기병대대, 1개 전차대대 등 6천 명으로 증강되어 있었다. 당시 지나주둔군은 북경과 천진의 이북 지역을 장악하고 있었다.

지나주둔군이 야간훈련을 실시하고 있던 도중에 누가 쏜 것인지 알 수 없는 몇 발의 총성이 울렸다. 문제는 총성이 울린 후 일본군 병사 1명이 사라졌다는 것이다. 일본군은 중국군이 그 병사를 납치했다고 주장하며 전면적인 전쟁을 일으켰다. 중일전쟁의 발단이 된 이 사건을

'노구교사건'이라고 한다.

사실 그 병사는 사라진 것이 아니었다. 화장실이 너무 급해 잠시 이탈했던 것이었을 뿐, 20분 후 부대로 귀대했던 것이다. 하지만 중국을 침공할 구실을 백방으로 찾고 있던 일본은 그 사실을 숨기고 전쟁을 일으켰다. 중일전쟁 또한 일본군의 조작에 의해 일어난 사건이었던 것이다.

개전 초기, 일본군은 승승장구했다. 7월 30일, 북경과 천진을 함락하였고, 11월 8일에는 중국 최대의 항구도시인 상해를 손에 넣었으며, 12월 14일에는 중국의 수도 남경까지 점령했다.

당시 중국 대륙은 장개석의 국민당과 모택동이 이끄는 공산당 간의 내전으로 혼란한 상황에 빠져 있었다. 하지만 일본군이 빠른 속도로 중국 내륙으로 침투해오자, 국민당과 공산당은 1937년 9월 22일에 제2차 국공합작(國共合作)에 합의했다.

국민당과 공산당은 공동으로 대일항전(對日抗戰)에 나섰지만, 양당 간의 반목은 여전했다. 국민당과 공산당은 연합작전을 하지 않고, 서로 다른 지역에서 개별적으로 항일전쟁을 수행했다.

일본군의 기세는 해가 바뀌어도 꺾일 줄 몰랐다. 1938년 5월 19일, 철도 요충지인 서주(徐州: 쉬저우)를 점령했으며, 10월 27일에는 호북성의 군사·교통의 중심지인 무한(武漢: 우한)까지 손에 넣었다. 1938년 말까지 일본은 광동(廣東)에서 산서(山西)에 이르는 남북 10개 성(省)과 해안 주요 도시들을 거의 장악했다.

중국의 주요 도시

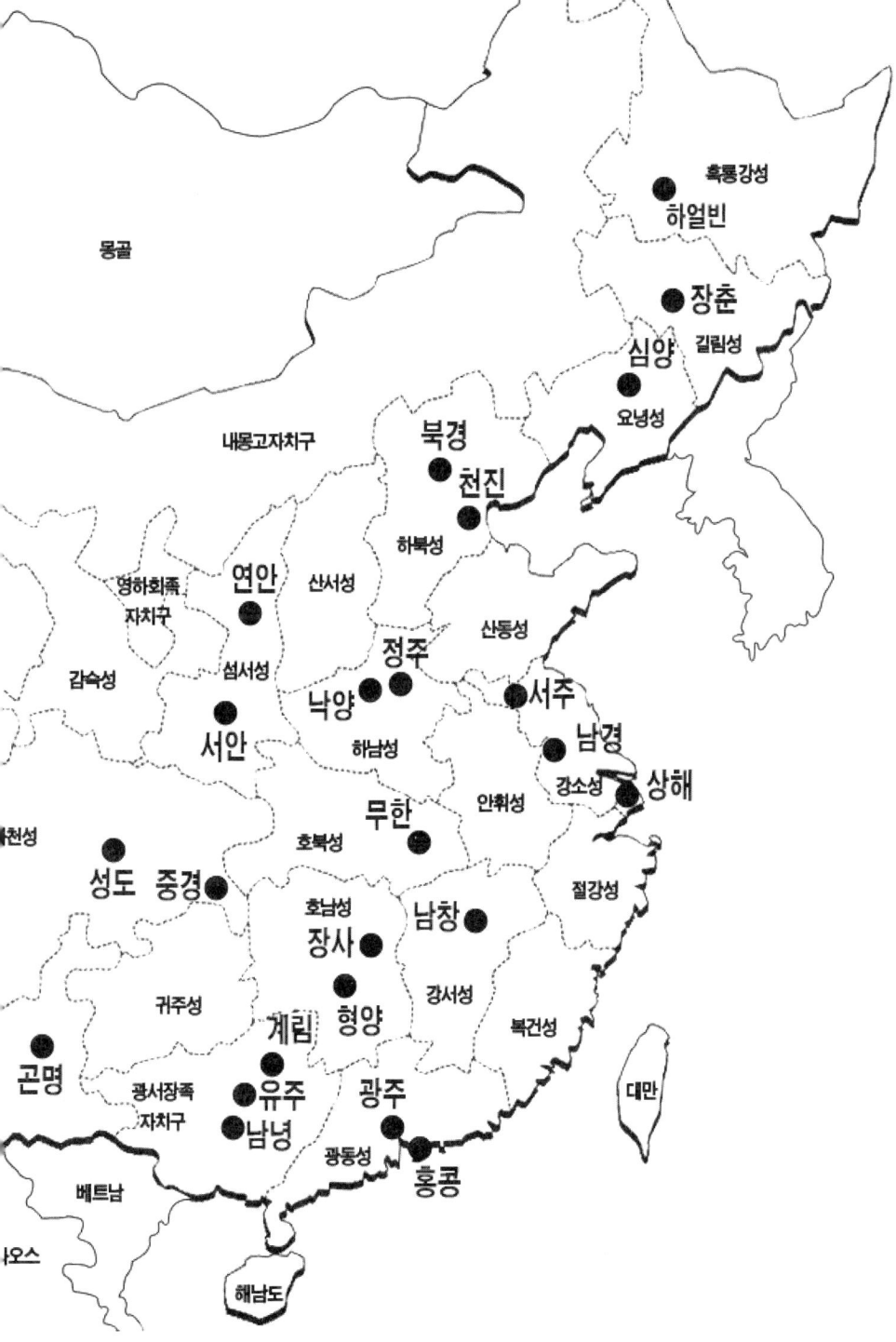

하지만 곧 일본군의 한계가 드러났다. 중국군이 드넓은 대륙의 이점을 활용하여 곳곳에서 끈질기게 게릴라전을 펼쳤기 때문이었다. 일본군은 점차 주요도시와 보급로인 철도를 지키는데 급급하게 됐고, 결국 전쟁은 장기전(長期戰)의 수렁에 빠지게 된다.

관동군과 공비

중일전쟁 개전 초기에 전선에 투입됐던 관동군은 이후 중국 전선에 투입되지 않았다. 관동군의 주 임무는 소련군의 동태를 감시하며, 유사시에 대비하는 것이었다. 중일전쟁이 본격화되면서, 일본은 중국 전선에 '지나파견군(支那派遣軍)'을 투입했다.

1937년 8월, 북경에서 북지나방면군(北支那方面軍)을 편성하여 화북(華北) 지방의 전투를 담당하게 했으며, 그해 11월에는 남경에서 중지나방면군(中支那方面軍)을 편성하여 화중(華中) 지방을 맡게 했다. 1939년 9월, 일본군은 다시 남경에서 지나파견군(支那派遣軍)을 편성하여 북지나방면군과 중지나방면군을 예하에 두고 중국 전선을 총괄하게 했다. 그리고 1940년에는 광주에서 남지나방면군(南支那方面軍)을 편성하여 화남(華南) 지방을 담당하게 했다.

관동군의 주 임무는 공비(共匪) 토벌이었다. 관동군의 보조 역할을 했던 만주군의 임무 또한 마찬가지였다. '공비(共匪)'는 공산비적(共産匪賊)의 준말로 공산당 유격대를 일컫는 말이다. 즉 공산당과 공산군을 비하하는 명칭인 것이다. 재미있는 것은 장개석의 국민당 정부가 가장 먼저 공산비적이라는 용어를 사용했다는 사실이다.

관동군과 만주군이 공비라고 지칭한 집단은 동북항일연군이었다. 중국 내륙의 공산군과 달리 일정한 근거지가 없는데다, 군수품을 지원받을 수 없었던 동북항일연군의 병력은 1만여 명에 불과했다. 따라서 동북항일연군은 대규모의 병력이 필요한 정규전을 펼칠 수 없다는 한계를 가지고 있었다.

동북항일연군은 열차나 주요 관공서를 습격하는 게릴라전을 벌이거나, 만주군을 회유하는 선전 활동에 주력했다. 그렇지만 대부분의 동북항일연군 대원이 현지의 지리와 사정을 잘 아는 만주 출신이었기 때문에, 관동군과 만주군은 그들을 토벌하는데 애를 먹었다.

간도특설대

관동군은 만주군 내에 특수임무를 수행하는 특수부대들을 편성했다. 이 부대들의 특징은 부대원을 같은 민족으로 구성했다는 것이었다.

1937년, 소련에서 망명한 백계(白系) 러시아인과 탈주한 소련 군인들로 편성된 부대가 흑룡강성에서 창설됐다. 이 부대는 부대장 아사노(淺野節) 상교(上校: 대령)의 이름을 따서 '아사노부대'라고 불렸다. 총 병력은 450명이었고, 소련에 대한 정보 수집과 모략 공작, 그리고 전쟁 발발 시에 소련 영내로 잠입하여 유격대 활동을 벌이는 것이 이들의 임무였다.

1939년에는 봉천 북대영(北大營)에서 이슬람교를 믿는 병사들로 1개 여단의 '회교부대(回敎部隊)'가 창설됐다. 이 부대의 임무는 소련과 전쟁이 벌어질 경우 신강(新疆: 신장) 방면으로 진출해 유격전을 펼치는 것이었다.

1941년 5월, 흑룡강성 흥안(興安: 싱안)에서 몽골인 기병 제대병으로 편성된 기마부대가 창설됐다. 초대 대장인 이소노(磯野實一) 기병 소교(少校: 소령)의 이름을 따서 '이소노부대'라고 불렸다. 관동군 정보부의 관할이었으며, 외몽골(外蒙古) 침입을 목적으로 하는 모략부대(謀略部隊)였다. 중대본부와 1개 중대로 창설되었다가 나중에는 3개 중대로 증강되었다.

1941년, 하얼빈 특무기관이 만주 북부에 사는 우랄알타이계의 퉁구스 종족인 오로촌족(鄂倫春族)으로 '오로촌부대'를 편성했다. 당시 오로촌족의 전체 인구는 약 3천 명이었는데, 그 중 청년 3백여 명에게 38식 소총 등을 주며 포섭했다고 한다. 소련 공작원의 국경 침투를 막는 한편, 유사시에는 게릴라전을 벌여 소련군을 교란하는 것이 임무였다.

이들 특수부대에는 유사점이 있었다. 소련이 만주를 침략하거나, 반대로 일본이 소련을 침공할 때를 대비하는 부대였다는 것이다. 러일전쟁 이후 일본군의 주적(主敵)은 항상 소련이었다. 소련군 견제가 관동군의 주 임무였다는 것을 이들 특수부대의 창설에서도 엿볼 수 있는 것이다.

조선인들만으로 편성된 부대도 있었다. 간도특설대(間島特設隊)라는 부대였다. 간도특설대의 창설이 결정된 날은 1938년 9월 15일(창설일)이었다. 이 시기는 간도를 포함한 동만주와 북만주에서 동북항일연군의 항일투쟁이 활발하게 전개되던 시기였다. 간도특설대의 임무는 간도에서 동북항일연군을 포함한 항일무장 유격대를 토벌하는 것이었다. 부대 주둔지는 길림성 안도현(安圖縣: 안투현) 명월구(明月溝: 밍위에거우)에 위치한 만주국 기병대가 사용하던 병영이었다.

그해 12월 14일, 명월구 병영에서 간도특설대 제1기 지원병 228명의 입대식이 거행됐다. 간도특설대는 제1기생의 신병 교육이 끝난 뒤인 1939년 3월 1일에 창설식을 갖고 정식으로 출범했다.

부대는 1개 보병연(步兵連: 보병중대)과 1개 기박연(機迫連: 기관총과 박격포 혼성중대)의 2개 중대로 편성됐다. 1940년 12월에 1개 보병연을 신설하여 대대 규모로 재편성된다. 이때부터 부대의 병력은 평균 300명대를 유지했다. 부대장은 초대 부대장 소메카와 가즈오(染川一男) 소교(소령) 이후 줄곧 일본인이 맡았고, 장교는 일본인과 조선인으로 구성되었으며, 하사관을 포함한 사병 전원이 조선인이었다.

이 간도특설대의 창설 요원으로 신현준도 선발되었다. 만주군 보병 제35단(연대)에서 근무하던 신현준이 간도특설대로 전임한 날은 1938년 12월 1일이었다. 신현준을 비롯한 창설요원들의 첫 임무는 신병을 모병(募兵)하는 일이었다고 한다. 입대식이 끝난 후에는 사병들을 훈련시키는 일을 했을 것으로 짐작된다. 1939년 3월 1일, 1기 지원병의 훈련을 마친 간도특설대는 본격적으로 동북항일연군 토벌작전에 동원되었다.

비록 병력의 수가 많지는 않았지만, 항일연군은 일본군에게 있어 골칫거리였다. 중일전쟁을 일으킨 이후 승승장구하던 일본군은 1939년으로 접어들면서 전선이 교착국면에 들어가자, 항일연군의 존재가 더욱 부담이 되었다. 일본군으로서는 하루빨리 후방의 화근을 제거해야 했다.

1939년 10월, 관동군 제2독립수비대장 노조에 마사노리(野副昌德) 소장이 지휘하는 3성연합토벌사령부가 대대적인 토벌작전에 들어갔다. 만주군 7개 여단과 만주 경찰 30개 대대까지 배속 받은 토벌대의 총병력은 8만여 명에 달했다. 노조에 사령관은 거기에 더하여 간도특설대와 삼림경찰대, 그리고 지방경찰대와 무장자위단까지 동원했다.

관동군과 만주군의 강력하고 집요한 토벌작전에 동북항일연군은 계속 그 숫자가 줄어들었다. 1940년 말, 동북항일연군은 사실상 궤멸 상태에 빠지고 말았다. 그해 가을 무렵부터 생존자들이 국경을 넘어 러시아 연해주로 도주하기 시작했다. 동북항일연군 생존자들은 소련 극동군에 편입되었다.

1942년 8월, 소련 극동군은 동북항일연군을 '소련 적군(赤軍) 88특별저격여단'으로 개편한다. '88특별저격여단'에는 상당수의 조선인들도 포함되어 있었다. 광복 후에 소련군을 따라 북한에 들어와 공산당정권을 수립한 김일성(金日成: 본명 김성주)과 그의 동료들이 바로 '88특별저격여단' 출신이다.

김일성

태평양전쟁

동북항일연군이 거의 궤멸(潰滅) 지경에 이르렀던 1940년 12월, 신현준은 훈춘으로 전임되었다. 새로 맡은 직책은 훈춘농업학교와 청년훈련소의 배속장교(配屬將校)였다. 당시 만주국에서는 국민 총동원체제를 확립하기 위해 학생들과 청년들에게 군사훈련을 시키고 있었다. 배속장교는 각 학교와 청년훈련소에 배속되어 군사훈련을 담당하는 장교였다.

전장에서 벗어나 오랜만에 한가로운 복무를 하게 된 신현준은 1941년 1월 25일, 일곱 살 연하의 처녀 함혜룡(咸惠龍)과 결혼하여 가정을 꾸렸다. 그의 나이 26세 때였다. 그해 4월 1일에는 중위로 진급했다.

> 만주군 복무 기간 중에서도 가장 즐거웠던 이 시설의 여러 가지 일들은, 우리 부부의 신혼 생활의 추억과 함께 지금까지도 잊히지 않고 기억에 남아 있다.[16]

---

16) 신현준, 「노해병의 회고록」, P.51.

신혼 생활과 진급. 1941년은 신현준이 생후 처음으로 행복을 느꼈던 해였던 것 같다. 하지만 신현준에게 행복했던 1941년은 일본이 스스로 파멸의 불구덩이로 뛰어들었던 해이기도 했다. 그해 12월, 일본이 태평양전쟁을 일으킨 것이다.

1939년 9월 1일, 독일의 히틀러(Adolf Hitler)가 폴란드를 침공했다. 이에 영국과 프랑스가 독일에 선전포고를 하면서 제2차 세계대전이 발발했다. 하지만 독일은 파죽지세로 유럽을 잠식해나갔다.

1940년 4월, 덴마크를 점령한 독일은 이어 노르웨이·벨기에·네덜란드·룩셈부르크를 차례로 점령했으며, 6월 22일에는 프랑스정부로부터 항복을 받아냈다. 전황이 독일에게 유리하게 전개되자 이탈리아가 독일에 가담했다.

네덜란드와 프랑스가 독일에게 항복하자 동남아시아에는 힘의 공백 상태가 형성되었다. 프랑스령 인도차이나반도(현재의 베트남, 라오스, 캄보디아)와 네덜란드령 인도차이나(현재의 인도네시아)가 주인을 잃었기 때문이었다.

중일전쟁의 늪에 빠져 경제적인 어려움을 겪고 있던 일본군이 이 상황에 주목했다. 1940년 9월 23일과 24일, 일본이 프랑스령인 인도차이나반도 북부를 점거했다. 이어 일본은 9월 27일, 독일·이탈리아와 함께 '3국 동맹'을 체결하고 제2차 세계대전에 본격적으로 뛰어들었다.

이에 미국이 일본에 대한 제재(制裁)에 나섰다. 미국 내의 일본 자산을 동결하는 한편, 일본에 대한 석유수출을 금지하는 등 통상(通商)을 금지하였다. 이에 발끈한 일본군 수뇌부는 미국과의 전쟁을 결심하게 된다.

1941년 12월 7일, 일본 해군 연합함대가 태평양을 넘어 미국 하와이의 진주만을 기습하였다. 태평양전쟁이 발발한 것이다. 진주만 기습은 돌이킬 수 없는 악수(惡手)였다. 미국을 잘못 건드린 일본은 패망의 길로 접어들게 된다.

진주만을 공격하는 것과 때를 같이하여 일본 육군은 본격적으로 동남아시아를 침공하기 시작했다. 1942년 초, 말레이반도·필리핀·싱가포르·수마트라·자바·버마(현재의 미얀마) 등이 차례로 일본군의 손에 넘어갔다. 하지만 거기까지였다.

1942년 6월, 미드웨이 해전에서 미국 함대가 승리함으로써 전세는 역전되었고, 태평양 곳곳에서 일본군이 밀리기 시작했다. 태평양전쟁에서 미국에 참패를 당하면서 일본군의 전력은 급격하게 쇠퇴했다. 중국 전선에 투입된 일본군 또한 독 안에 든 쥐 꼴이 되고 말았다.

열하성에서 팔로군과 싸우다

2년 4개월 동안 훈춘과 안도현(안투현)에서 배속장교로 근무하던 신현준은 1943년 4월, 다시 간도특설대로 복귀했다. 그해 12월, 간도특설대는 열하성(러허성)으로 이동하게 된다.

당시 열하성에서는 중국 공산당 산하 팔로군(八路軍)이 게릴라전을 활발하게 펼치고 있었다. 일본군의 입장에서 봤을 때 열하성은 후방지역이었다. 하지만 동남아시아에 대규모의 병력을 파병한데다가, 중국 전선에서도 국민당의 국부군에게 발이 묶인 일본군은 열하성에 병력을 보낼 여력이 없었다. 이런 까닭에 일본군은 궁여지책으로 만주군을 동원했다. 간도특설대가 열하성에 투입된 것도 그 일환이었다.

열하성으로 이동한 간도특설대는 1944년 1월부터 평천현(平泉縣: 핑취안현) 유수림자(楡樹林子: 위슈린쯔) 일대에서 팔로군 토벌작전을 벌였다. 하지만 간도특설대를 포함한 만주군은 고전을 면치 못했다.

공산당 정규군인 팔로군은 동북항일연군과는 비교할 수 없는 수준 높은 군대였다. 보유하고 있는 병기도 만주군에 뒤지지 않았을 뿐만 아니라, 사기(士氣) 면에서는 만주군을 압도했다.

1944년 3월에 상위(上尉: 대위)로 승진한 신현준은 그해 7월, 보병 제8단(연대) 제2영(營: 대대) 제6연장(連長: 중대장)으로 전임했다. 보병 제8단 본부는 열하성 흥륭현(興隆縣)의 반벽산(半壁山)에 위치하고 있었다.

반벽산은 만리장성의 바로 북쪽 산악지대에 있었다. 반벽산에서 북쪽으로 40㎞쯤 가면 청나라의 이궁(離宮)이 있었던 승덕(承德)이 나온다. 만주군 제8단의 주적은 팔로군 제17단이었다.

1944년 7월 28일 오전 11시경, 신현준은 흥륭현 삼도하(三道河)에 위치한 제6연(중대)본부에 도착했다. 그때 전화가 왔다. 그해 7월에 8단에 배속되어 8단장 부관으로 근무하고 있던 박정희(朴正熙, 1917.~1979.) 소위였다. 후일 대한민국의 제5대~9대 대통령을 역임하게 되는 바로 그 사람이다.

박정희

만주군은 1939년 3월, 일본 육군사관학교 학제를 모방해 수도 신경(장춘)에 4년제 군관학교인 '신경군관학교(新京軍官學校)'를 세웠다. 그리고 1940년 12월, 2년제인 봉천군관학교는 하사관을 교육하여 초급장교로 양성하는 기관인 '육군훈련학교'로 개편했다. 박정희 소위는 신경군관학교 2기 출신이었다.
　박정희 소위는 조선말로 얘기했다. 8단의 공용어는 중국어였는데, 오랜만에 듣는 조선말에 신현준은 아주 반가웠다.
　"이번에 제6연장으로 부임해 오신 것을 환영합니다. 자세한 이야기는 오후에 직접 만나 뵙고 말씀드리겠습니다."
　그날 오후, 신현준은 두 시간을 걸어서 반벽산에 위치한 8단 본부에 도착했다. 8단장 당제영(唐際榮) 상교(대령)에게 부임신고를 한 뒤, 박정희 소위를 만났다. 신현준을 만난 박정희의 첫 마디는 "형님"이었다. 박정희는 신현준보다 두 살이 어렸다. 박정희가 말을 이었다.
　"형님, 이번에 부임하신 제6연은 제8단 내에서도 문제가 많아 주의를 요하는 부대입니다. 형님의 전임자인 주(周) 상위는, 현지에서 팔로군 토벌임무는 소홀히 하고 무고한 양민에게 피해를 입혔습니다. 현지 주민들로부터 원성을 들었을 뿐만 아니라 부하들의 신임도 잃어가고 있었습니다. 지난 6월에 부대 근처 식당에서 시중드는 여인과 더불어 아편(阿片)을 피우고 점심 식사를 하다가, 적으로부터 불의의 기습을 당해서 피살되고 말았습니다. 제가 이런 말씀을 형님께 드리는 까닭은, 형님이 현지에 부임하시기 전에 이런 사정을 알아두시는 것이 부대 지휘에 도움이 될 듯해서 입니다."

당시 만주군의 기강이 얼마나 해이했는지 엿볼 수 있는 대목이다. 신현준이 박정희에게 받은 첫인상은 '행동거지에 빈틈이 없고 믿음직한 인물'이라는 것이었다. 박정희를 통해 신경군관학교 1기 출신인 이주일(李周一, 1918.~2002.) 중위와 방원철(方圓哲) 중위가 8단에 근무하고 있다는 사실도 알게 되었다. 동포가 3명이나 있다는 사실에 신현준은 위안을 받았다.

> 내가 박정희 소위를 처음 만났을 때, 그의 키와 몸집은 좀 작은 편이었지만, 이야기를 하는데 있어 그 한마디 한마디가 정확하고 분명했으며, 매우 믿음직스러운 사람이라는 인상을 받았었다. 무엇보다도 나는, 대부분 중국인으로 구성된 만주군 제8단 내에서 이주일 중위와 더불어 이처럼 서로 믿고 도울 수 있는 한국인 장교들을 만날 수 있게 된 사실에 매우 기뻐했다.
> 그 뒤 일본의 패망으로 우리 민족이 해방을 맞은 뒤, 나는 이 두 사람과 함께 북평(北平: 지금의 북경)으로 이동해가서 1946년 5월 부산(釜山)에 상륙, 귀국할 때까지 함께 일하고 지내왔다.
> 당시 나는 박 중위가 뒷날 우리나라의 대통령이 되리라고는 꿈에도 생각하지 못했었다.[17]

보병 제6단에서 신현준의 임무는 팔로군과의 전투였다. 당시 열하성

---

17) 신현준, 「노해병의 회고록」, PP.66-67.

의 만주군은 너나할 것 없이 팔로군 토벌작전에 총력을 기울였다. 얼마 후, 신현준의 6연은 만리장성 남쪽으로 이동하여 하북성 준화현(遵化縣) 석문진(石問鎭)에 주둔하게 되었다. 이 마을은 지명 그대로 사방이 성벽으로 둘러싸인 천험(天險)의 요새였다. 이 요새에는 6연을 지휘하는 제2영(대대)본부와 제2기관총연(기관총중대), 그리고 중대 규모의 일본군과 일본군 헌병대도 주둔하고 있었다.

1944년 9월 8일, 호녀탑(好女塔)고지 남쪽 마을에 100여 명의 팔로군이 나타났다는 정보가 입수됐다. 이에 제2영장 유(劉) 소교(소령)가 예하 부대들에게 출동을 명령했다. 첨병중대(尖兵中隊)인 신현준의 부대가 앞장섰다.

마을 전방 300m까지 접근했을 때 신현준의 부대가 기습을 당했다. 갑자기 적진에서 맹렬하게 사격을 하는가 싶더니, 왼쪽에 있는 작은 하천의 둑에서 일본군 복장을 한 팔로군 부대가 공격을 해온 것이다.

협공을 당한 신현준 부대는 경기관총으로 응사했다. 하지만 얼마 안 가 기관총이 고장 나면서 상황이 위급해졌다. 신현준 부대는 척탄통(擲彈筒)을 총동원하여 수류탄을 쏘면서 겨우 적진에서 벗어났다. 이날 신현준 부대는 전사 3명, 실종자 2명의 피해를 당했다. 신현준은 실종자 2명도 전사했다고 속단하여 상부에 전사 5명이라고 보고했다.

그런데 놀라운 일이 발생했다. 다음날 팔로군이 실종자 2명을 치료하여 들것에 실어서 돌려보낸 것이다. 허위보고를 한 셈이 돼버린 신현준은 낭패에 빠졌다. 다행히도 직속상관인 유 소교가 가벼운 문책으로 넘어가 주었다.

　신현준은 열하성에서 팔로군을 상대로 전투를 하는 동안, 그들에게 많은 감명을 받았다고 한다. 팔로군은 중국 전선에 투입된 군대(국민당 정부군, 공산군, 만주군, 일본군) 중 가장 '엄정한 군기(軍紀)'를 자랑하는 군대였다.

　중일전쟁 당시 일본군과 만주군은 민간인을 살해하거나 약탈·강간하는 일을 일삼았다. 장개석의 국부군도 별반 다르지 않았다. 하지만 팔로군은 어떠한 경우에도 민가를 약탈하거나 민폐를 끼치는 일이 없었다. 그것은 공산당 지도부의 방침이었다. 당연히 민중은 공산당과 팔로군의 편을 들었다. 훗날 국공내전에서 공산당이 승리할 수 있었던 것도 민중의 마음을 얻었기 때문이었다.

일본의 패망과 소속을 잃은 조선인들

1945년으로 접어들자 전황은 돌이킬 수 없을 정도로 일본에게 불리하게 돌아갔다. 1945년 4월 1일, 미 제10군의 5개 사단 8만 5천여 명의 병력이 오키나와에 상륙함으로써 일본 본토의 운명이 경각에 놓이게 되었다.

한편 소련군이 독일의 수도 베를린으로 밀어닥치자 1945년 4월 30일, 히틀러가 자살했다. 히틀러의 뒤를 이어 수상이 된 되니츠 제독은 5월 7일, 연합군에게 무조건 항복을 선언했다.

1943년 9월 8일에 이탈리아가 백기를 든데 이어 독일까지 무너짐으로써 유럽전쟁이 막을 내린 것이다. 이제 제2차 세계대전의 원흉인 추축국 세 나라 중 일본만이 외톨이로 남게 되었다.

1945년 8월 6일, 미국이 초강수를 두었다. 일본 히로시마(廣島)에 원자폭탄을 투하한 것이다. 단 1발로 도시 전체를 초토화시키는 가공할 위력을 지닌 인류 역사상 전대미문의 폭탄이었다. 원자폭탄의 위력에 넋을 잃은 일본은 전의를 상실했다.

8월 8일, 소련이 일본에 선전포고를 했다. 그동안 미국은 소련에게 대일전(對日戰) 참전을 제안했었다. 하지만 소련의 스탈린(Joseph Stalin)은 차일피일하며 기회만 엿보고 있었다. 그러다가 히로시마에 원자폭탄이 투하되자, 호기가 찾아왔다고 판단한 스탈린이 부랴부랴 대일전에 뛰어든 것이다. 8월 9일 오전 0시를 기하여 170만여 명에 달하는 소련군이 일제히 만주와 조선으로 진격을 개시했다.

소련군이 참전한 8월 9일, 미국이 또 다시 나가사키(長崎)에 원자폭탄을 투하했다. 소련의 참전과 두 번째 원자폭탄 투하에 더 이상 버틸 재간이 없어진 일본은, 마침내 8월 15일 정오에 라디오 방송을 통해 미국을 비롯한 연합군 측에게 무조건 항복을 선언했다.

일본이 항복하자 연합국은 일본군의 무장해제에 들어갔다. 만주 지역 관동군에 대한 무장해제는 소련군이 맡았고, 중국 전선에 파견됐던 일본군에 대한 무장해제는 국민당 정부군이 담당했다.

그 결과 수많은 관동군과 일본인 거류민이 시베리아로 끌려갔다. 하지만 중국 대륙에 주둔하고 있던 110만여 명의 일본군과 50만여 명의 거류민들은 일본으로 무사히 귀환할 수 있었다. 장개석의 '이덕보원(以德報怨: 원한을 은덕으로 갚는다.)' 정책 덕분이었다.

한편, 만주군은 발 빠르게 변신을 시도했다. 그들은 재빨리 군복을 갈아입었다. 많은 만주군이 국민당의 국부군으로 변신했고, 일부는 공산당 팔로군에 몸을 의탁했다.

일본의 패망은 전쟁의 끝이 아니라 또 다른 전쟁의 시작이었다. 공동의 적인 일본군이 사라지자, 국민당과 공산당이 다시 내전에 돌입한 것이다. 그들에게는 보다 많은 병력이 필요했다. 과거에는 만주군이었을지라도, 어차피 그들은 중국인이 아니던가. 국민당과 공산당 모두 기꺼이 그들을 받아들였다.

하지만 일본군과 만주군에 몸을 담았던 조선인들의 경우는 달랐다. 그들에게는 몸을 의탁할 곳이 없었다. 방법은 단 한 가지, 조국으로 돌아가는 길뿐이었다. 그것은 만주군 제8단에 복무했던 신현준과 박정희, 이주일도 마찬가지였다. 세 사람이 한자리에 모였다. 박정희가 먼저 입을 열었다.

"이제 세상이 완전히 바뀌었으니, 앞으로 택할 수 있는 진로에 대해 의견을 모아 보았으면 합니다."

아무리 생각해봐도 조국으로 돌아가는 것 이외에는 별다른 방도가 없었다. 조국으로 돌아가는 가장 빠른 길은 봉천을 경유하여 압록강을 넘는 노선이었다. 하지만 만주 지역을 소련군이 점령하고 있는 상황에서 봉천으로 가는 것은 '섶을 짊어지고 불속으로 뛰어 들어가는 격'이었다.

논의를 거듭한 세 사람은 일단 북경으로 가서, 배편으로 귀국하는 것이 가장 안전한 방법이라는데 의견이 일치했다. 하얼빈에 살고 있는 부모님과 처자식이 마음에 걸렸지만, 신현준에게 다른 방도는 없었다. 1945년 9월 21일, 신현준 일행은 북경으로 가는 열차에 몸을 실었다.

광복 후의 광복군, 평진대대

 신현준 일행이 북경에 도착하니, 광복군(光復軍)이 병력을 모집하고 있었다. 1940년 9월 17일, 사천성 중경(重慶: 충칭)에서 창설된 광복군은 대한민국임시정부의 국군이었다.

 초창기 광복군의 무장과 병력은 보잘 것 없는 수준이었다. 이 때문에 중국은 물론, 미국과 영국을 비롯한 연합국들에게 무시를 당했다. 하지만 1944년에 접어들면서 상황이 달라졌다. 강제로 징집당해 중국전선에 끌려왔다가 탈출한 조선인 장병들이 대거 합류함으로써, 광복군 병력이 5,000여 명으로 늘어난 것이다. 이에 따라 광복군을 무시했던 연합국의 시각이 달라지기 시작했다.

 1945년 3월, 미국 전략사무국(OSS: Officer of Strategic Service)과 임시정부가 한미공동으로 군사작전을 벌이기로 합의했다. 미군이 한반도에 상륙하기 전에 광복군이 먼저 잠입하여 일본의 군사시설을 파괴하는 한편, 폭동을 일으키기로 한 것이다.

 1945년 4월 3일, 임시정부 김구(金九) 주석의 최종 승인을 받아 미국

전략사무국이 중국에서 광복군 150여 명에게 특수훈련을 시작했다. 그리고 1945년 8월 8일, 훈련을 마친 요원들의 국내진공작전 실행이 결정됐다. 하지만 8월 15일에 일본이 항복함으로써 이 작전은 허공에 뜨고 말았다.

대한민국임시정부도 전승국(戰勝國)의 일원이 될 수 있었던 기회를 놓친 김구 주석은 몹시 아쉬웠다. 이에 김구 주석은 '광복 후의 광복군'을 조직하기로 결정한다. 일본군이나 만주군에 복무했던 조선인 장병들, 그리고 중국 각지의 조선인 청년들로 10만 대군을 편성하여 보무도 당당하게 조국으로 돌아가려고 한 것이다. '광복 후의 광복군'은 그때까지 항일투쟁을 벌인 기존의 광복군과 구별된다는 뜻이다.

북경과 천진 일대에서 편성된 부대는 광복군 제3지대(支隊) 예하 주 평진대대(駐平津大隊)였다. 당시 북경은 북평(北平: 베이핑)이라고 불렸다. 평진(平津)은 북평(北平)에서 '평'자를 따고 천진(天津)에서 '진'자를 따서 합친 단어였다. 평진대대의 지휘는 주 북평 판사처장(駐北平辦事處長: 총본부장)

최용덕

으로 부임한 최용덕(崔用德)[18] 장군이 담당하고 있었다.

　북경에서 평진대대 모집을 목도한 신현준 일행은 그 대열에 합류하기로 결정했다. 세 사람은 만주군에서의 경력을 인정받아 일약 평진대대의 지휘관이 된다. 신현준은 평진대대 대대장, 이주일은 제1중대장, 그리고 박정희는 제2중대장에 임명된 것이다. 신현준이 지휘하게 된 평진대대의 병력은 약 2백 명가량이었다. 신현준은 북경에서 평진대대를 훈련하며 귀국을 준비했다.

---

18) 최용덕(崔用德, 1898.~1969.): 중국 국부군의 공군 간부로 활약하였고, 광복군 총무처장·참모처장 등을 역임했다. 대한민국 정부가 수립된 이후에는 초대 국방부차관과 제2대 공군총참모장을 역임했다. '공군의 아버지'라고 불리는 인물이다.

허리가 잘린 한반도

한편, 한반도의 상황은 우리 민족의 열망과는 다르게 전개되고 있었다. 전승국인 미국과 소련이 당분간 한반도를 분할하여 군정(軍政)을 실시하기로 한 것이다. 이에 따라 38도선 이북 지역에는 소련군이, 그 이남에는 미군이 진주했다. 한반도의 허리가 잘린 것이다.

미국의 생각은 한반도에 합법정부를 수립한 후 철수하겠다는 것이었다. 하지만 소련의 생각은 달랐다. 우선 38도선 이북에 공산정권을 세우고, 이후 한반도 이남까지 공산화하겠다는 생각을 가지고 있었던 것이다.

치스차코프(Ivan Chistiakov) 대장이 지휘하는 소련군 제25군이 1945년 8월 22일, 평양에 입성했다. 미군보다 먼저 38도선 북쪽 지역에 진주한 소련군은 일본군을 무장 해제시키고, 김일성을 비롯한 '소련 적군(赤軍) 88특별저격여단' 출신들을 내세워 공산주의 정부를 세우는 작업을 차근차근 진행시켜나갔다.

한편, 미군이 아직 진주하지 않은 남한 지역에서는 무질서가 극에 달했다. 정권을 잡기 위한 유력 인사들의 정당 창당이 봇물을 이루었고, 공산주의와 민주주의를 표방하는 좌익(左翼)과 우익(右翼) 간의 세력다툼이 극심했다.

또한 전국 각지에서 사설 군사단체가 조직되기 시작했다. 광복과 함께 귀국한 군사 경력자들, 즉 중국, 일본, 만주 등지에서 군 생활을 했던 사람들이 군사단체를 조직하여 창군(創軍)의 선봉이 되고자 했던 것이다.

미군이 한반도 남쪽에 진주한 날은 9월 8일이었다. 한반도에서 가장 가까운 오키나와에 주둔하고 있던 미 제24군단이 인천에 상륙한 것이다. 미군은 그다음 날인 9월 9일 오전 8시경, 시민들의 열렬한 환영을 받으며 서울에 들어왔다.

미 제24군단은 주한 미 육군사령부를 발족했다. 사령관은 제24군단장 하지(John R. Hodge) 중장이었으며, 제7사단장 아놀드(Archibald V. Arnold) 소장이 군정장관(軍政長官)에, 쉬크(Lawrence E. Schick) 준장이 경무국장(警務局長)에 임명됐다. 미군에 의한 군정이 시작된 것이다.

하지 중장

이에 중국 중경에 있던 대한민국임시정부에서는 미 군정청에게 임시정부의 정통성을 주장했다. '임시정부는 대한제국(大韓帝國)의 법통을 계승한 유일한 합법정부이다. 따라서 광복이 된 지금 한반도의 정권은 당연히 임시정부가 인수해야 한다.'는 내용이었다.

하지만 미군정은 그 주장을 받아들이지 않았다. 당시 남한지역에는 우후죽순처럼 생겨난 정당들이 저마다 정통성을 주장하고 있었다. 게다가 이 정치세력들은 좌익과 우익으로 양분되어 있었으며, 우익계조차 여러 계파로 갈라져 있었다. 미군정의 입장에서 볼 때 임시정부는 여러 정파 중의 하나였을 뿐이었다.

임시정부 요인들은 국민들의 환영을 받으며 단체로 귀국하기를 원했다. 미군정은 이것 또한 거부했다. 만약 그렇게 되면 미군정이 임시정부를 공식적으로 인정하는 것처럼 보일 것이 아닌가. 그 점을 우려하여 임시정부 요인들의 단체귀국 요구도 받아들이지 않았던 것이다.

그것은 군(軍)의 경우 또한 마찬가지였다. 임시정부 측은 임시정부의 국군인 광복군을 근간으로 하여 국군을 창설해야 한다고 주장했지만, 미군정은 한반도에서 군대를 창설할 생각이 전혀 없었다. 국군은 향후 선거를 통해 수립될 합법정부가 창설할 일이고, 그때까지는 국내치안을 담당할 경찰병력만 유지하면 된다는 것이 미군정의 정책이었다.

이로써 10만 대군을 이끌고 귀국하겠다는 김구 주석의 계획은 한낱 부질없는 꿈이 되고 말았다. 미군정뿐만이 아니었다. 중국 국민당 정부도 광복군을 공식적인 군대로 인정하지 않았다. 광복군은 '끈 떨어진 연' 꼴이 되고 말았다. 그것은 평진대대의 경우도 마찬가지였다.

김구

1945년 11월 23일, 김구 주석을 비롯한 임시정부 요인 제1진 15명이 하지 중장이 보내준 특별 군용기편으로 환국했다. 하지만 임시정부 요인으로서의 공식 귀국이 아니라 개인 자격으로 하는 귀국이었다.

상황이 이렇게 되자 평진대대의 발등에 불이 떨어졌다. 가장 시급한 문제는 광복군에게 먹일 식량이 없다는 것이었다. 할 수 없이 신현준을 비롯한 간부들이 식량을 구하기 위해 나섰다. 그들은 비교적 부유한 동포들을 찾아가 구걸하다시피 식량을 얻어왔다. 평진대대는 먼저 입국한 임시정부 요인들이 불러줄 날만 기다리며 하루하루 버텨나갔다.

해방병단과 국방경비대

1945년 11월 11일, 애국 청년 손원일(孫元一)[19]이 미군정과 합의하여 '해방병단'이라는 조직을 창설했다. 해군을 창설하겠다는 손원일의 포부와 해안선을 경비하고 밀수선을 단속하는 경비대가 필요했던 미군정의 의도가 맞아떨어져 생기게 된 조직이었다.

손원일

---

19) 손원일(孫元一, 1909.~1980.): 대한민국 초대 해군총참모장으로 해군의 발전에 기여했다. 해군 중장으로 예편(1953. 6. 28.)한 후에는 제5대 국방부장관을 맡아 전후(戰後)의 국군 체계를 정비했으며, 국군현대화의 기틀을 마련했다. '해군의 아버지'로 불리는 인물이다.

미군정 측은 단순히 해안경비대를 창설하는 것이라고 생각했지만, 손원일은 이 조직을 토대로 해군을 창설하겠다는 의지를 가지고 있었다. 이 때문에 이 조직에 대한 양 측의 명칭이 달랐다. 미군정 측에서는 '코스트 가드(Coast Guard: 해안경비대)'라고 불렀고, 우리는 바다를 지키는 부대라는 뜻으로 '해방병단(海防兵團)'이라고 불렀던 것이다.

해방병단 창설 기념식. 앞줄 왼쪽으로부터 ③한갑수 ⑤김영철 ⑥정긍모 ⑨칼스텐 ⑩칼스텐 부인 ⑫손원일 ⑬민병증 ⑮석은태

1946년 1월 14일에는 '남조선국방경비대'가 창설됐다. 경찰만으로는 남한 지역의 치안이 제대로 유지되지 않자, 미군정이 경찰을 보조하기 위해 만든 경찰예비대였다. 하지만 국방경비대 창설에 참여한 우리 측은 국방경비대를 육군이라고 생각하고 있었다. 이 때문에 해방병단과 마찬가지로 우리 측과 미군정 측의 조직 명칭이 달랐다.

미군정은 '조선경찰예비대(Korean Constabulary Reserve)'라고 불렀고, 우리는 나라를 지키는 군대라는 뜻으로 '남조선국방경비대(南朝鮮國防警備隊)'라고 불렀던 것이다. 국방경비대의 간부는 미군정이 한시적으로 운영한 군사영어학교(軍事英語學校, 1945. 12. 5.~1946. 4. 30.)에서 배출한 110명의 장교로 충당되었다.

원래 군사영어학교 졸업자는 전원을 참위(參尉: 소위)로 임관시킨 후 실력에 따라 진급을 시킬 계획이었다. 하지만 과거의 군 경력을 고려하여 예외가 적용되었다. 군번 1번부터 5번(이형근, 채병덕, 유재흥, 장석륜, 정일권)까지는 정위(正尉: 대위)로 임관을 시킨 것이다.

또한 중국군 참령(參領: 소령) 출신인 이성가, 그리고 서류상으로만 학교에 적을 두고 국방경비대 창설요원으로 각 연대에 부임한 백선엽, 김백일, 최남근 등은 부위(副尉: 중위)로 임관시켰다.

또한 군사영어학교에서 부교장을 맡았던 원용덕은 참령(參領: 소령)으로, 미군정의 고문을 맡아 국방경비대 창설에 공이 많았던 이응준은 정령(正領: 대령)으로 임관을 시켰다.

애초 미군정이 해안경비대와 경찰예비대로 발족한 해방병단과 남조선국방경비대는 대한민국 정부가 수립된 후에 결국 해군과 육군으로 거듭하게 된다. 여기서 아쉬운 대목이 하나 있다.

  만약 대한민국임시정부와 광복군이 기득권을 고집하지 않고 조기에 귀국했다면, 국내 정세는 어떻게 전개되었을까? 광복군이 해방병단과 남조선국방경비대 창설에서 중추역할을 했다면, 우리 군의 역사는 어떤 방식으로 전개되었을까? 참으로 아쉬움이 남는 부분이다.

27년만의 귀국

해가 바뀌고 봄이 다시 찾아왔지만, 미군정이 광복군의 단체 귀국을 허락할 기미는 보이지 않았다. 결국 기다리다 지친 광복군들은 개인 자격으로 귀국하기 시작했다. 신현준과 박정희, 이주일도 평진대대 대원들과 함께 귀국길에 올랐다.

1946년 5월 6일, 천진(天津) 당고항(塘沽港)에서 귀국선에 오른 신현준이 부산항에 상륙한 날은 5월 10일이었다. 4세 때이던 1919년에 조국을 떠난 지 27년 만에 귀국을 한 것이다. 감회가 새로웠을 것이다.

귀국 후, 신현준이 처음으로 찾아간 사람은 봉천군관학교 동기생인 정일권(丁一權, 1917.~1994.)이었다. 1945년 말에 귀국하여 군사영어학교를 졸업한 정일권은 정위로 임관(군번 5번)하여 서울 태릉의 옛 일본군 지원병훈련소(현재의 육군사관학교 위치) 자리에 위치한 국방경비대 제1연대 B중대장으로 근무하고 있었다. 신현준이 정일권을 찾아간 이유는, 국방경비대에 들어갈 만한 자리가 있는지 알아보려고 했던 것으로 보인다.

정일권

 하지만 당시 장교로 임관하려면 1946년 5월 1일에 개교한 남조선국방경비사관학교(육군사관학교의 전신)[20]에 입교하여 단기교육을 받아야 했다. 신현준이 귀국한 5월에는 40명의 학생들이 제1기생으로 교육을 받고 있었다. 그들은 군사영어학교에 다니기는 했으나, 임관을 하지 못한 학생들이었다. 이들은 그해 6월 15일에 참위(소위)로 임관하게 된다.

---

20) 1946년 6월 15일에 조선경비사관학교로 개칭하였다가, 1948년 9월 5일에 육군사관학교로 다시 명칭이 바뀜

정일권은 신현준에게 2기생을 모집할 때까지 기다리기보다는 차라리 해방병단에 가서 자리를 알아보라고 권유했다.

내가 찾아가자 반갑게 맞이한 정 대위는, "이제는 해방도 되었으니, 신 형(兄)은 앞으로의 인생 진로에 대해 좀 방향을 바꿔볼 생각이 없소? 우리 동기생 가운데 김석범(金錫範)이 지금 진해(鎭海)에 내려가 있는데, 그쪽으로 한 번 가보도록 하지요."라고 권유하였다. 이어서 그는, "지금 국방경비대(國防警備隊: 육군의 前身) 쪽은 이미 만원 상태랍디다."라고 덧붙였다.
내가 정 대위의 친절한 권유에 감사한 뒤, 곧바로 진해에 있는 조선해안경비대(朝鮮海岸警備隊)[21] 총사령부를 찾아갔는데, 그날이 1946년 6월 22일이었다.
대한민국 해군(海軍)의 모체(母體)이자 전신(前身)이라 할 수 있는 조선해안경비대는 7개월 전일 1945년 11월 11일 서울에서 창설되었는데, 총사령관은 손원일(孫元一) 소령이었다.[22]

한편, 신현준과 함께 귀국한 박정희는 1946년 9월 25일에 조선경비사관학교 2기로 입교하여 3개월 동안 교육을 받은 후, 그해 12월 14일에 소위[23]로 임관한다. 이주일은 대한민국 정부가 수립된 이후인 1948년 8월 17일에 7기 특별반으로 입교하여 임관하게 된다.

---

21) 1946년 6월 15일에 해방병단에서 조선해안경비대로 명칭이 바뀜
22) 신현준, 「노해병의 회고록」, PP.93-94.
23) 1946년 12월 1일에 계급 호칭이 미국식으로 바뀜

천붕(天崩)과 참척(慘慽)의 슬픔

일본이 패망하고 신현준이 북경으로 이동했을 당시, 그의 가족들은 하얼빈 교외의 고향둔(顧鄕屯)에서 살고 있었다. 북쪽에서 내려온 소련군, 그리고 남쪽에서 올라온 중국 국민당군과 공산당군이 한꺼번에 하얼빈으로 몰려들었다.

이에 신현준의 아버지 신기관은 며느리 함혜룡을 친정이 있는 함경북도 회령(會寧)으로 피신시켰다. 만주군 장교의 부인이라는 신분이 드러나게 되면 붙잡혀 갈 것이 뻔했기 때문이었다. 1945년 10월 22일, 함혜룡은 두 아들을 데리고 귀국길에 올랐다.

며느리와 손자들을 귀국시킨 신기관은 하루도 빠짐없이 고향둔과 하얼빈 시내를 오가며 아들의 소식을 수소문하고 다녔다. 하지만 아들의 소식은 차치하고 생사여부조차도 알 수 없었다. 식음을 전폐하다시피 하며 아들 걱정에 가슴 졸이던 신기관은 결국 1946년 1월, 세상을 등지고 말았다. 졸지에 일가 붙이를 모두 잃은 신현준의 어머니는 홀로 고향인 금릉으로 돌아가게 된다. 신현준의 가족이 그야말로 풍

비박산이 되고 만 것이다.

불행은 그것으로 끝이 아니었다. 회령으로 돌아온 함혜룡의 일과는 젖먹이인 둘째 아들 우(優)를 등에 업고 아침에 회령역으로 나갔다가 저녁 무렵에야 집으로 돌아오는 것이었다. 혹시 남편이 자신을 만나기 위해 찾아오지 않을까 해서였다. 하지만 남편은 오지 않았다.

1946년 4월 8일, 함혜룡은 그날도 회령역에 나가 기차에서 내리는 사람들을 지켜보고 있었다. 그날, 함혜룡은 둘째 아들 우를 잃고 말았다. 아직 두 돌이 채 안 된 우는 홍역을 앓고 있었다. 열악한 의료 환경 때문에 변변한 치료도 받지 못 한데다가 영양결핍까지 겹친 우가 어머니의 등에 업힌 채로 숨을 거두고 만 것이다. 그해 6월, 남편이 부산으로 귀국했다는 소식을 전해들은 함혜룡은 장남 옹목(雍木)을 데리고 월남하게 된다.

부모님이 돌아가시는 것을 '하늘이 무너지는 슬픔'이라 하여 천붕(天崩)이라고 한다. 그리고 자식을 먼저 저 세상으로 보내는 것을 '참척(慘慽)'이라고 한다. 신현준은 가족들과 떨어져 아무 것도 모르는 상태에서 '천붕과 참척의 슬픔'을 한꺼번에 당하고 만 것이다.

신현준은 귀국한 후에야 아버지의 타계를 알았고, 아들의 죽음은 아내를 다시 만난 후에야 알게 된다. 아버지의 임종을 지키지 못하고, 자식의 죽음을 막지 못한 신현준은 평생을 통해 천붕과 참척의 슬픔을 곱씹어야 했다.

조선해안경비대 장교가 되다

1946년 6월 22일, 조선해안경비대 총사령관 손원일 참령(소령)은 진해로 찾아온 신현준을 견습사관(見習士官)으로 받아들였다.

육군의 전신인 조선경비대(1946년 6월 15일에 남조선국방경비대에서 조선경비대로 명칭이 바뀜)에는 일본군이나 만주군, 또는 중국군에 복무했던 군사경력자들이 많이 있었다.

하지만 해군의 경우는 달랐다. 일제강점기 시절, 일본은 조선 청년들을 징집하여 전장으로 내몰았고, 우수한 인재들에게는 일본 육군사관학교나 만주군관학교의 입교도 허용했다. 하지만 국가적 시책으로 해군을 육성했던 일본은 해군 장교를 양성하는 해군사관학교에는 조선인을 단 한 명도 받아들이지 않았다.

그런 까닭에 조선해안경비대의 간부는 민간인 일색이었다. 초대 해군총참모장을 역임하게 되는 손원일부터가 중국과 독일 상선의 항해사 출신이었고, 당시 손원일을 도와 해방병단(조선해안경비대)을 창설한 주역 중의 한 사람인 정긍모(鄭兢謨: 3대 해군참모총장 역임)도 일본 여객선의 기관사 출신이었다.

이것이 손원일의 고민이었다. 손원일에게는 군사경력자들이 필요했다. 이 때문에 만주군 상위(대위) 출신인 신현준을 반갑게 맞아들인 것이다. 손원일은 신현준에게 준사관과 하사관들의 교육을 맡겼다. 신현준은 준·하사관 교육대 교육주임을 맡아 7월 11일부터 11월 15일까지 6차에 걸쳐 250명을 교육하여 손원일의 기대에 부응했다.

1946년 11월 21일, 신현준은 입대 5개월 만에 정식 부위(副尉: 중위)로 임관하여 인천기지사령관으로 부임했다. 그의 나이 31세 때였다. 만주군 시절의 신현준은 그저 수많은 위관 급(尉官級) 장교들 중의 한 명에 불과했다. 하지만 조선해안경비대 부위로 임관한 시점부터 그의 위상은 우리 군의 선두주자 급으로 부상하게 된다.

당시 국방경비대(조선경비대) 선두주자들은 일본 육사 출신과 만주군관학교 출신들이 대부분이었다. 국방경비대 창설 당시에 광복군이 참여를 거부하고 중국에 주둔하고 있었기 때문이었다. 이들 선두주자들은 과거 일본군과 만주군의 위관 급 장교들이었고, 나이도 20대 중반에서 30대 초반에 불과했다. 그만큼 군사경력자들이 부족했던 것이다.

민간인 출신들이 창설한 해방병단(조선해안경비대)의 경우도 크게 다르지 않았다. 일개 중위인 신현준이 일약 인천기지사령관으로 부임했다는 사실이 당시의 상황을 잘 보여준다. 지금은 상상도 할 수 없는 일이지만, 그것이 당시의 현실이었다.

신현준은 1947년 3월 1일에 대위로 진급하였고, 그해 9월 1일에 다시 소령으로 진급하면서 부산기지사령관으로 자리를 옮겼다. 그리고 5·10총선거를 열흘 앞둔 1948년 5월 1일, 중령으로 진급한 신현준은 진해특설기지의 참모장에 임명되었다.

대한민국과 조선민주주의인민공화국 수립

광복 이후, 미국은 한반도 통일정부를 수립하기 위해 소련과 교섭을 계속했다. 하지만 이미 북한 지역의 공산화에 성공한 소련은 온갖 핑계를 대며 미국과의 교섭을 계속 결렬시켰다.

결국 소련과의 협상을 통해 남북한 통일정부를 수립하는 것이 어렵다고 본 미국은 1947년 9월 17일, 한반도 문제를 UN에 이관하고 말았다. 그 결과 1947년 11월 14일, UN은 남북한 자유총선거를 실시해 통일정부를 수립하기로 결의했다.

다음 해인 1948년 1월 8일, UN한국임시위원단이 남한에 들어왔다. 남북한 총선거를 진행하기 위해서였다. 하지만 소련은 UN한국임시위원단이 북한 지역으로 들어오는 것을 거부했다. 결국 UN은 1948년 2월 26일, UN의 감시가 가능한 남한에서만 총선거를 치르기로 결의했다. 그것이 바로 1948년 5월 10일에 치러지는 5·10총선거이다.

북한의 김일성 정권은 남한만의 단독선거를 보고만 있지 않았다. 남쪽의 공산당 조직인 남로당(南勞黨)에게 선거를 방해하라는 지령을 내린 것이다. 남로당은 남한 전 지역에서 선거 방해공작에 나섰다. 그중 가장 큰 사건이 그해 4월 3일에 발생한 제주 4·3사건이었다.

남로당 제주도당 군사부책(軍事部責) 김달삼(金達三)이 지휘하는 좌익 무장대가 1948년 4월 3일, 제주도 전역에서 12개 경찰지서를 습격하고 우익인사들을 살해하는 폭동을 일으켰다.

이에 제주도 주둔 조선경비대 9연대 병력, 그리고 8도에서 선발된 경찰 8개 중대가 토벌작전에 투입되었지만, 사태는 수습되지 않았다. 결국 제주 4·3사건은 이듬해인 1949년 5월까지 계속되었는데, 이 사건으로 양민을 포함하여 약 3만여 명의 사상자가 발생한 것으로 추정되고 있다. 실로 비극적인 사건이었다.

1948년 5월 10일, 남한 총선거가 실시됐다. UN한국임시위원단 참관 아래 유사 이래 처음 치러진 선거는 총 유권자 813만여 명 중 무려 95.5%의 투표율을 기록했다. 5·10총선거에 의해 구성된 국회는 7월 20일, 초대 대통령에 이승만(李承晩, 1875.~1965.), 부통령에 이시영(李始榮)을 선출했다.

1948년 8월 15일 오전 11시 20분, 중앙청 광장에서 대한민국 정부 수립을 선포하는 성대한 경축식이 열렸다. 대한민국 정부가 공식적으로 출범한 것이다. 대한민국 정부가 수립됨에 따라 1948년 9월 1일, 조선경비대와 조선해안경비대가 대한민국 국군에 편입됐고, 9월 5일에 육군과 해군으로 그 명칭이 바뀌었다.

이승만

한편, 그해 9월 9일에 북한도 공식적으로 정부 수립을 선포했다. 조선민주주의인민공화국이 출범한 것이다. 북한이 남한보다 정부 출범을 늦게 선포한 것은 일종의 꼼수였다. 남북한 분단의 책임이 남한에게 있다고 전가하려고 했던 것이다.

대한민국 정부와 조선민주주의인민공화국 정부가 출범하자 미군과 소련군이 철수하기 시작했다. 1948년 12월 25일에 소련군이 북한에서 철수를 완료했다는 성명을 발표했으며, 주한미군도 1949년 6월 29일에 철군을 완료하게 된다.

여수 14연대반란사건

드디어 대한민국 육군과 해군이 정식으로 출범했지만, 우리 군에는 치명적인 결함이 있었다. 엄청나게 많은 수의 좌익계열 군인들이 우리 군 조직 곳곳에 암세포처럼 퍼져 있었던 것이다.

정부가 수립된 지 두 달이 조금 지난 1948년 10월 19일 밤, 여수에 주둔하고 있던 제14연대의 좌익계열 군인들이 일반 장병들을 선동하여 반란을 일으켰다. 10월 20일 오전 9시경, 여수 시가지를 점령한 3천여 명의 반란군은 순천으로 진격했다. 20일 오후 3시경 순천을 완전히 장악한 반란군은 광양, 구례, 곡성, 고흥 등지로 세력을 넓혀나갔다.

이에 이승만 대통령은 계엄령을 선포하고 미군의 협조를 구해 반란군을 진압하기 시작했다. 10월 21일, 김백일(金白一) 대령이 이끄는 광주 5여단 예하의 4연대(광주 주둔)와 3연대(전주 주둔), 원용덕(元容德) 대령이 지휘하는 대전 2여단 예하의 2연대(대전 주둔)와 12연대(군산 주둔), 그리고 부산 3여단 예하의 15연대(마산 주둔) 병력이 급파됐다.

해군도 PG-313 충무공정, 505정, 510정, 516정, 302정, 304정, 305

정, 구룡정으로 임시정대를 편성하여 여수항에 파견했다. 해군의 임무는 반란군을 토벌하는 육군을 지원하는 한편, 해상으로 탈출을 기도하는 반란군을 봉쇄하는 것이었다.

10월 22일, 순천을 탈환한 토벌군이 10월 27일에는 여수까지 탈환했고, 반란군의 잔당은 지리산으로 도주했다. 여수가 수복된 다음날인 10월 28일, 손원일 해군총사령관이 신현준 중령과 함께 여수에 도착했다. 손원일은 다음날인 10월 29일, 토벌작전에 참가한 해군 함정들을 시찰한 후 302정을 방문했다.

302정장 공정식(孔正植, 해사1기, 제6대 해병대사령관 역임) 대위는 반란군 토벌작전에 처음부터 끝까지 참가했던 유일한 해군장교였다. 공정식은 손원일에게 반란군 토벌작전에서 드러난 문제점들을 보고했다. 특히 그가 강조한 것은 우리 군에도 해병대가 필요하다는 것이었다.

공정식 장군(2014. 7. 30.)

"내가 302정장으로 있으면서 여수항에서 반란사건이 난 것을 뻔히 보고 있으면서도 아무 역할을 하지 못했습니다. 그래서 손원일 사령관에게 이렇게 보고했습니다.

'앞으로 우리 해군에도 미국과 같은 해병대가 필요합니다. 만약 우리에게 해병대가 있었더라면 곧 상륙해서 공비를, 그리고 반란군을 소탕할 수 있었을 것입니다. 우리가 함정에서만 순찰하고 있었기 때문에 뻔히 눈으로 보면서도 반란군을 소탕하지 못했습니다. 앞으로는 해병대 창설이 필요합니다.'

손원일 사령관께서 내가 보고하는 사항을 잘 듣고 있다가, 나중에 이승만 대통령에게 해병대 창설을 건의했습니다. 이승만 대통령이 즉시 손원일 사령관의 건의를 받아들여서 한국 해병대를 만든 것입니다. 그것이 한국 해병대가 생긴 동기입니다."[24]

공정식 대위의 보고를 들은 손원일 사령관은 신현준 중령에게 이 내용을 전투상보(戰鬪詳報)에 포함하여 제출하라고 지시했다. 그리고 과거 일본 해군의 육전대(陸戰隊)나 미국의 해병대를 조사하여 해병대를 창설하는 방안을 연구하라고 지시했다.

공정식 대위의 전투상보는 신현준과 손원일을 거쳐 이범석(李範奭) 국방부장관과 이승만 대통령에게 보고되었다. 1949년 1월, 이승만 대통령이 해병대 창설을 재가(裁可)했다.

---

24) 제6대 해병대사령관 공정식 해병 중장 인터뷰, 2010년 3월 3일, 해병대기념관

해병대 창설

1949년 2월 1일, 해군총참모장 손원일 제독(1948년 12월 10일, 해군 준장 진급)이 신현준 중령을 초대 해병대사령관에 임명하고, 해병대 창설 업무를 맡겼다. 부대를 만들기 전에 먼저 사령관부터 임명한 것이다.

막상 해병대사령관에 임명됐지만, 신현준에게는 아무것도 없었다. 부대의 위치, 병력, 무기, 보급품 등 모든 준비를 혼자서 감당해야 했다. 이렇듯 해병대 창설이 신현준 한 사람에서부터 출발하였기 때문에 후일 '대한민국 해병대는 하나에서부터 시작되었다.'라는 이야기가 나오게 되는 것이다.

가장 시급한 것은 자신과 함께 일할 유능한 장교를 확보하는 것이었다. 신현준의 뇌리에 가장 먼저 떠오른 인물은 진해 해군통제부 교육부장을 맡고 있는 김성은[25] 중령이었다.

과거 신현준이 견습사관 신분으로 해안경비대 준·하사관 교육대 교

---

25) 김성은(金聖恩, 1924.~2007.): 6·25전쟁 중 한 번도 패배한 적이 없는 불세출의 명장으로 '귀신 잡는 해병'의 신화를 창조한 인물이다. 제4대 해병대사령관과 제15대 국방부장관을 역임했다.

육주임으로 근무할 때, 그를 도와 교관으로 일했던 세 사람의 참위(소위)가 있었다. 그 중의 한 명이었던 김성은은 모든 면에서 출중하여 신현준이 눈 여겨 보았던 인재였다.

김성은

1949년 2월의 어느 날, 신현준이 부인과 함께 김성은의 관사를 찾아갔다. 신현준은 김성은에게 해병대로 전과(轉科)하여 함께 일하자고 권유했다. 하지만 김성은은 일언지하에 거절했다. 이미 해군에서 선두주자 중의 한 명으로 자리를 잡고 있던 김성은 중령으로서는 해군에서 파생되는 신설부대인 해병대로 갈 이유가 전혀 없었다.

해군 예하이기 때문에 부대의 규모가 작은 것은 물론, 진급의 기회도 그만큼 제한적일 것이 뻔했기 때문이었다. 그런 열악한 조건을 잘 알고 있으면서도, 해군에서 쌓은 모든 경력과 기득권을 버리고 과감하게 해병대를 선택한다는 것은 정말 결정하기 힘든 모험과 같은 일이었다.

하지만 신현준은 일주일 간격으로 세 번이나 김성은을 찾아가 부탁했고, 신현준의 삼고초려(三顧草廬)에 감동한 김성은은 결국 해병대로 전과하게 된다. 신현준은 김성은을 해병대 참모장에 임명했다.

> 지나친 비유가 될지 모르지만 유비의 삼고초려 같다는 생각이 들었고, 이렇게 세 번째까지 찾아오자 나로서도 감동이 되었다.
> 동시에 '이 분은 진정한 덕장이시다.'라는 생각과 제갈량 같은 뛰어난 전략가도 유비의 삼고초려에 머리 숙이고 출사했다는데, 뛰어난 전략가도 아니고 만주군이나 일본군 같은 군 경험자도 아닌 나를 택해 세 번씩이나 찾아준 그 분의 인격에 감동되었다. 또 선비는 자신을 알아주는 사람을 위해 생명을 내놓는다는 말이 생각나 아무것도 모르지만 하나님께 모든 것을 맡기고 마음을 결정하게 되었다.
> "그렇게까지 제가 사양하는데도 찾아와 주시니 분에 넘치는 영광입니다. 충성스러운 부하로 최선을 다하겠습니다."[26]

신현준은 계속해서 해군사관학교 교관으로 재직 중인 김동하(金東河) 소령과 인천기지사령관 시절의 부하 고길훈(高吉勳) 대위를 찾아가

---

26) 김성은,「회고록 - 나의 잔이 넘치나이다」, P.127.

해병대에서 함께 일하자고 설득했다. 신현준은 이런 식으로 인재들을 설득하여 해병대 간부진을 구성해나갔다.

신현준의 안목은 정확했다. 김성은과 고길훈, 김동하 세 사람은 후일 6·25전쟁에서 천하의 명장으로 용명(勇名)을 떨치게 된다. 특히 김성은은 '통영상륙작전'을 성공적으로 지휘하여, 한국 해병대에 '귀신 잡는 해병'이라는 별명이 붙게 한다.

일단 간부진을 구성한 신현준은 신병들을 교육시킬 하사관 선발에 들어갔다. 말이 좋아 선발이지 강제 차출이었는데, 이 때 선발된 하사관들도 모두 일당백(一當百)의 용사들이었다.

> 이와 함께 신병 교육 요원으로서 일할 하사관들을 모집해야만 했는데, 이를 위해서 나는 당시 진해에 있던 해군 각 부서에서 두세 명씩을 강제 차출하는 방법으로 충원할 수밖에 없었다. 그런데 해병대 창설 요원의 차출을 강제했던 각 부서는 평소 맡은 바 직무를 착실하게 잘 수행하고 있던 모범적인 하사관들은 그대로 잔류시켰다. 그리고는 주로 정의감이 강하고 용감하며 씩씩한 사나이들이지만, 가끔 부대 안에서 말썽을 일으키기도 하였던 하사관들을 차출해서 보내주었다. 결국 이들이 해병대 창설의 주역이 됨으로써, 오늘날까지 유명한 해병대 특유의 기질과 전통을 만들게 되었던 것이다.[27]

---

27) 신현준, 「노해병의 회고록」, P.105.

부탁하고, 설득하고, 강제 차출하여 부대 편성에 필요한 장교와 하사관 80명을 확보했다. 사병은 해군 신병 제13기 800여 명 중에서 300명을 선발했다. 해병 1기들 또한 강단 있는 사병들로만 골라 뽑았다.

모병관들이 신병들 앞에서 연설을 하게 되었다.
"해병대는 육해공 삼군 안에서 가장 용맹한 부대다. 적을 앞에 두고 바다에서 육지로 상륙하여 적을 섬멸해야 하는데 이때 우리도 전멸당할 수 있다. 하지만 이 상륙작전은 진짜 사나이들만이 할 수 있다. 지원할 사람 있나?"
그러자 8백여 명 모두가 손을 들었다 한다.
"너무 많아 300명만 골라 데려 가겠다."
그리고는 그들을 세워 놓아 체격이 완강한 신병을 먼저 고르고, 팔씨름을 시켜 완력이 센 신병이나 싸움에 소질이 있어 보이는 신병 등 300명을 데리고 왔다.
모병부터 특별한 이런 전통은 강군 해병대로서 면모를 갖추는 계기도 되었지만 지나친 혈기로 불명예스러운 오명을 남기기도 했다. 하지만 이러한 기질들이 격렬한 전투를 치르면서 무서운 용맹으로 변했고, 한국전쟁 중 그 어느 군도 따라오지 못할 상승 해병대의 전통을 세우는 데 크게 일조했다.[28]

1949년 4월 15일, 드디어 진해 덕산비행장(德山飛行場)에서 장교 26명과 하사관 54명, 사병 300명, 총 380명으로 편성된 해병대가 창설식을

---

28) 김성은, 「회고록- 나의 잔이 넘치나이다」, P.129.

가졌다. 5월 5일에는 대통령령 제88호로 해병대령이 공포되었다. 창설 당시 해병대 간부들은 다음과 같다.

사령관: 중령 신현준(申鉉俊)

참모장: 중령 김성은(金聖恩)

작전참모: 소령 김동하(金東河)　　군수참모: 대위 이병희(李炳喜)

정보참모: 대위 김용국(金龍國)　　헌병대장: 중위 정광호(鄭光鎬)

제1중대장: 대위 고길훈(高吉勳)　제2중대장: 대위 김재주(金載珠)

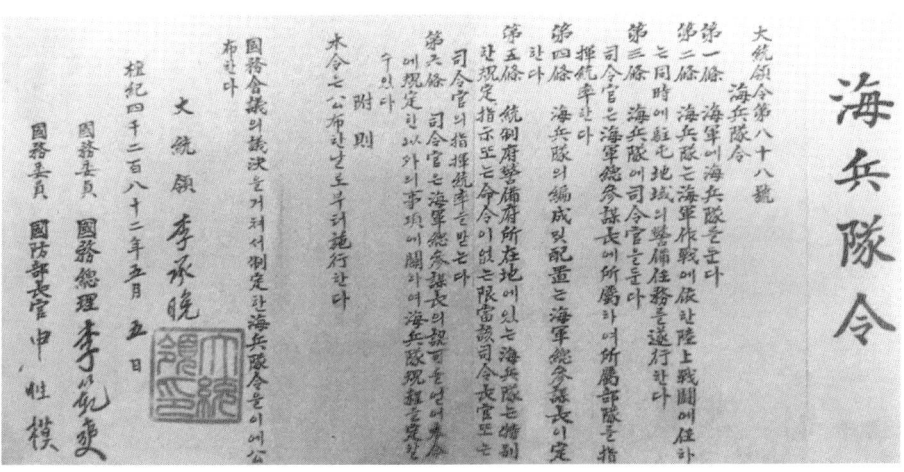

해병대령

해병대 간부들. 두 번째 줄 왼쪽에 앉아있는 사람이 신현준 사령관, 오른쪽이 김성은 참모장이다.

창설식이 끝난 후의 기념행사부터 해병대는 남다른 데가 있었다. 간부와 사병 전원이 완전군장을 하고 해발 500m의 천자봉(天子峰) 정상까지 행군을 한 것이다. 그것은 시작에 불과했다.

해병대 하사관 중 15명은 일본 해군 육전대(陸戰隊) 출신이었다. 일본 해군 육전대의 훈련은 혹독하기로 정평이 나있었다. 그것은 사실이었다. 교관들은 신병들에게 엄청난 강훈(强鍊)을 실시했다.

> 진해 덕산비행장(약 20만 평)은 해병대의 맹훈련장이 되었고, 신병들은 이곳에서 날마다 지독한 훈련을 치렀다.
> 비행장 안에는 약 40미터 높이의 조그마한 언덕이 있었는데, 그곳을 고지로 생각하고 하루에 구보로 수십 번씩 뛰어 오르내리게 하는 것으로 맹훈련을 시작하였다.

그렇게 격렬한 훈련을 마치고 나면 해병대는 특유의 끈끈한 행사를 질펀하게 벌이는데, 매달 한 번씩 사령관이 앞장서서 전 대원들과 천자봉(해발 500미터)을 등반, 돼지고기와 막걸리 등으로 회식을 하여 사령관 이하 모두 한 몸이 되었다.

격렬한 훈련과 또 그것에 맞는 화끈한 단합의 예식, 해병은 이렇게 상하 모두 끈끈한 정을 가지고 전우애를 쌓아갔다. 젊은 시절, 피끓는 20대 후반의 나도 예외일 수 없었다.[29]

---

29) 김성은, 「회고록- 나의 잔이 넘치나이다」, P.134.

해병대의 첫 임무, 진주 공비 토벌

1949년 6월 1일, 신현준이 대령으로 진급했다. 그해 8월 1일, 해군 제14기 신병 중에서 440명을 해병 제2기로 선발하여 해병대는 2개 대대 규모가 되었다. 8월 26일에는 신병훈련이 끝난 해병 1기들로 특별부대가 편성됐다. 부대장에는 김성은 중령이 임명됐다. 특별부대가 편성되자마자 해병대에게 첫 임무가 떨어졌다. 진주 지역을 경비하는 임무였다.

14연대반란사건으로 국군토벌대가 호남 및 경남지역에 집중적으로 투입되자 38도선 경비에 허점이 생겼다. 이를 무장 유격부대 침투의 호기로 판단한 북한은 1948년 11월 중순에 이른바 '인민유격대'를 남파했다. 그때를 시작으로 북한은 1950년 3월까지 10차에 걸쳐 총 2,345명에 달하는 유격대 병력을 남한에 침투시켰다.

오대산과 소백산 일대에서 준동했던 이들 대부분은 국군에 의해 소탕되었지만, 일부는 14연대 반란군의 잔여 병력과 합류하여 지방공비로 준동하게 된다. 경상남도 진주도 공비들이 빈번하게 출몰하는 지역이었다. 공비들은 수시로 진주 일대에 출몰하여 방화와 약탈을 일삼고 있었다.

  육군만으로는 각지에서 준동하는 공비들을 토벌하는데 힘이 부쳤다. 이에 육군총참모장 채병덕(蔡秉德) 소장이 손원일 소장(1949년 2월 4일, 진급)에게 해병대의 출동을 부탁한 것이다. 1949년 8월 29일, 신현준은 김성은 중령이 지휘하는 1개 대대의 병력을 진주로 이동시켰다. 해병 1기로 구성된 1,2중대 300여 명과 하사관 교육대 150여 명, 총 450여 명으로 편성된 부대였다. 신병훈련 중인 해병 2기를 제외한 거의 전 병력이 출동한 것이다.

  김성은 부대는 8월 29일부터 12월 26일까지 약 4개월 동안 진주에 주둔하며 치안을 유지하고 민심을 수습하는 한편, 진주와 산청·함양 일대에 출몰하는 공비들을 토벌했다.

해병대, 제주도로 이동

1949년 10월 1일, 중국 적화에 성공한 모택동이 북경 천안문 광장에서 중화인민공화국 정부의 수립을 선언했다. 모택동의 공산당과 장개석의 국민당이 벌인 내전에서 모택동이 승리를 쟁취한 것이다. 장개석의 국민당 정부는 바다 건너 대만(臺灣: 타이완)으로 쫓겨나고 말았다.

스탈린과 모택동

그해 12월, 모택동은 소련 방문을 단행했다. 소련의 지도자 스탈린의 70회 생일을 축하하고 소련과의 관계를 증진하기 위한 방문이었다. 이후 두 달에 걸친 긴 교섭 결과 중공과 소련은 우호동맹과 상호원조 조약을 체결했다. 이제 대한민국은 공산주의 동맹국가인 소련, 중공, 북한에 에워싸이게 된 것이다.

1949년 12월 28일, 진해와 진주에 주둔하던 해병대 전 병력이 제주도로 이동했다. 진해에 주둔하고 있던 사령부와 3개 중대(해병 2기), 그리고 진주에 파견되었던 2개 중대(해병 1기)와 하사관 교육대, 총 1,200여 명의 병력이었다.

해병대가 제주도로 옮겨간 이유가 아주 재미있다. 군의 편의성이 그 이유였던 것이다. 당시 제주도에 주둔하며 치안을 유지하고 있던 육군은 병력 교대와 물자 수송을 전적으로 해군 함정에 의존하고 있었다. 병력과 물자를 운송할 때마다 해군에 일일이 협조를 요청하는 것이 번거로웠던 육군이 차라리 해병대에게 제주도 치안을 맡기는 것이 더 낫겠다고 생각한 것이다.

당시 제주도는 4·3사건 이후 끊임없이 계속된 군과 경찰의 토벌작전으로 좌익무장대 세력이 거의 진압된 상태였다. 약 200여 명가량이 한라산에 숨어 간신히 세력을 유지하고 있었다. 해병대는 게릴라 토벌에도 힘썼지만, 민심 수습에 더욱 힘을 기울였다.

제주도 주둔 시절. 앞줄 왼쪽으로부터 이홍균 소위, 김성은 중령, 신현준 대령

만주군에 복무했던 신현준은 중국 공산당 팔로군에게 깊이 감명을 받은 바 있었다. 팔로군은 절대로 민간인에게 폐를 끼치지 않는 부대였다. 팔로군에게 감명 받았던 신현준은 창설 때부터 해병대를 '국민을 위하는 군대'로 길렀다.

우리 해병대의 국민사랑, 즉 애민(愛民) 정신은 신현준 초대 사령관이 1949년 4월 15일 창설 기념일 치사에서 제시되어 전통으로 계승되어 온 해병대 창설이념이다.

이 정신과 이념은 제주도 공비토벌 작전과 통영상륙작전, 그리고 한

국전쟁 기간 중 어느 전선이나 전투에서도 어김없이 발휘되었다.[30)]

특히 제주도에 주둔할 당시, 신현준은 제주도민의 마음을 얻는데 공을 들였다. 제주도 지역의 좌익 게릴라들은 거의 모두가 제주도 태생이었다. 이 때문에 토벌작전으로 가족을 잃은 많은 제주도민들이 가슴에 상처를 안고 살고 있었다.

> 신 사령관은 특히 '양민에게는 양과 같이 온순한 군대, 적에게는 사자와 같이 무서운 군대'가 되라고 했고, 해병대의 위신을 추락시키거나 강간, 약탈 등 민폐를 끼치는 자는 엄단하겠다고 강조하여 민을 위한 해병정신 무장에 조금의 틈도 주지 않았다.
> 또한 사령부 의무진으로 하여금 제주도를 순회하여 무료진찰을 하게 했고, 해군본부 정훈부대와 선무공작대가 공동으로 도내 여러 지역을 돌면서 계몽강연과 가수 초청 위문공연을 가지기도 했다.
> 또한 예하부대에 지시하여 부대 인근 주민들이 채신작업(땔감 수집)하는데 지장이 없도록 했고, 4·3사건으로 화를 당한 사람들의 제사 때도 사전에 정보를 입수하여 정성껏 위로해 도민들과의 친화에 역점을 두었다. 또한 주민들을 호칭할 때도 아버지, 형님, 누님 등과 같은 명칭을 사용해 가족 같은 연대감을 가지기도 했다.
> 이렇게 해병대가 대민 선무작업에 큰 힘을 기울인 노력의 결과는 큰 과실로 맺어졌다.
> 4·3사건으로 상처 받은 주민들은 해병대의 위무(慰撫) 노력으로

---

30) 공정식, 「바다의 사나이 영원한 해병」, p. 290.

군에 대한 시각을 바꾸었고, 이는 한국전쟁 때 우수한 학생들과 교사들이 적극적으로 해병대의 모병에 응해 조국의 위기를 구했고, 또한 해병대의 발전에 크게 기여하였다.[31]

---

31) 김성은, 「회고록- 나의 잔이 넘치나이다」, PP.153-154.

6·25전쟁 발발과 해병대 증강

1950년 6월 25일 새벽 4시, 소련제 T34 전차와 76㎜ 자주포를 앞세운 북한군이 전면적인 기습 남침을 개시했다. 상황은 심각했다. 소련과 중공의 지원을 받아 무장한 20만에 이르는 대병력을 보유한 북한군은 242대의 소련제 T34 전차와 신형 중화기를 갖춘 근대화된 군대였다.

반면, 국군은 현대전의 필수 장비라 할 수 있는 탱크를 단 한 대도 보유하고 있지 않았으며, 105㎜ 곡사포 등 구형 야포로 무장하고 있었다. 게다가 병력도 북한군의 절반 수준밖에 되지 않았다. 국군은 급격히 붕괴됐다.

전쟁이 발발한 지 사흘만인 6월 28일, 대한민국의 수도 서울이 북한군에게 점령당했다. 이날 오전 4시(미국 시각 6월 27일 15시), UN안보리가 한반도에 UN군을 파병하기로 결정했다. 미 극동군사령관 맥아더(Douglas MacArthur) 원수가 UN군총사령관에 임명됐다.

7월 1일, 이승만 대통령이 채병덕 소장을 육군총참모장에서 해임하고, 정일권(丁一權) 소장을 제5대 육군총참모장에 임명했다. 바로 이날, 부산 수영비행장에 미 육군 24사단 21연대 1대대가 도착했다. 일명 스미스부대로 불리는 이 부대는 미군 선발대인 동시에 UN군 선발대였다.

스미스부대는 7월 5일, 오산 북방 죽미령 일대에서 북한군 4사단 소속 2개 연대와 교전을 벌였다. 하지만 불과 여섯 시간 동안 북한군의 남진을 저지했을 뿐 오히려 150명이 전사하거나 행방불명이 되었고, 72명이 포로로 잡히고 말았다. UN군이 속속 투입됐지만, 북한군의 전력은 막강했다. 국군과 UN군은 계속해서 남쪽으로 밀렸다. 7월 16일에 금강방어선이 무너졌으며, 7월 20일에는 대전이 함락됐다.

아이로니컬하게도 6·25전쟁은 해병대의 숙원인 병력 증강의 계기가 되었다. 해병대는 창설 초기부터 꾸준히 병력 증강을 시도했다. 하지만 번번이 육군이 반대하고 나섰다. 육군은 "육군이 있는데, 해군에 왜 육전대(陸戰隊)가 필요한가?"라며 해병대의 창설조차 반대했었다.

신현준은 1950년 6월에도 해군본부에 해병대 증원을 건의했었다. 하지만 해군본부에서 보내온 전문(電文)은 신현준과 해병대 간부들에게 실망을 안겨주었다.

'해병대의 병력은 1,200명이 한계임. 그 이상의 증원은 불가능함.'

이에 해병대 주요 간부들이 신현준에게 사표를 제출했다. 해병대 병력이 1,200명으로 제한되면, 더 이상 부대의 발전이 없을 것이기 때문이었다. 주요 간부들이 사표를 제출한 날이 6월 23일이었다. 그런데 이틀 후에 6·25전쟁이 발발하면서 병력 증원문제가 저절로 해결되었다.

6·25전쟁이 발발하자, 제주도 각지에서 3,000여 명에 달하는 청년과 학생들이 해병대에 지원했다. 해병대는 이들에게 맹렬한 훈련을 시켰다. 7월이 되자 해병대에게도 동원명령이 하달됐다.

7월 16일, 고길훈 소령이 지휘하는 1개 대대 병력이 군산에 상륙했다. 북한군 제6사단 13연대가 서해안을 우회하여 호남 지역으로 남하하고 있었다. 고길훈 부대는 장항 북쪽에서 기습 공격을 감행하여 남침을 저지했다. 이후, 고길훈 부대는 7월 21일까지 군산·이리 방면에서 적의 남침을 저지했다.

7월 22일, 김성은 중령의 부대가 고길훈 부대와 임무를 교대했다. 김성은 부대는 500여 명가량으로 편성된 대대 규모의 작은 부대였다. 하지만 김성은 부대의 활약은 눈부셨다. 김성은 부대는 남진하는 북한군을 저지하며 남원, 운봉, 함양, 진주 등지에서 맹활약을 펼쳤다. 특히 마산 진동리(鎭東里)지구 전투(8월 1일~8월 12일)에서는 북한군 6사단 수색정찰대대에게 대승을 거둬 전 부대원이 1계급 특진을 할 정도였다.

한편, 북한군에게 밀려 철수를 거듭하던 국군과 UN군은 8월 초, 급기야 낙동강까지 밀려 내려갔다. 이제 대한민국 영토는 대구를 중심으로 하여 동쪽과 서쪽으로 마산과 포항을 잇는 한 줌의 땅만 남게 되었다. 더 이상 물러날 곳이 없었다.

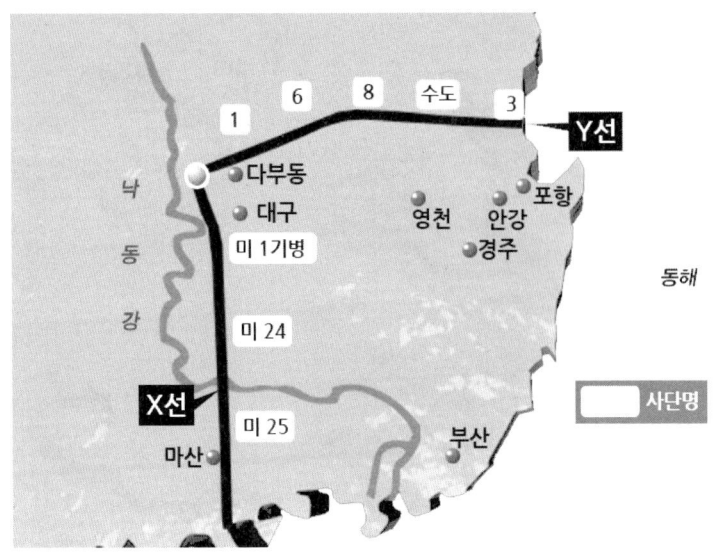

낙동강방어선

이때 아군의 전투부대는 국군 5개 사단(제1, 6, 8, 수도, 3사단)과 미군 3개 사단(제25, 24, 1기병사단)으로 총 8개 사단이었다. 국군과 UN군은 낙동강 방어선을 설정하고 전선 사수에 들어갔다. 이후 국군과 UN군은 한 달 반가량 낙동강 방어선을 사수하기 위한 처절한 전투를 벌이게 된다.

이 절체절명(絶體絶命)의 위기 속에서, 맥아더 UN군총사령관은 전황을 일거에 역전시킬 크로마이트 작전(Operation Chromite), 즉 '인천상륙작전'을 은밀하게 준비하고 있었다. 북한군의 후방에 사단 규모의 병력을 상륙시켜 적의 병참보급선을 끊는 상륙작전이었다.

1950년 6월 29일, 수원비행장에 도착한 맥아더

 8월 중순 무렵, 호남지역으로 우회한 북한군 7사단 선발대가 경상남도 통영까지 밀고 내려왔다. 거제도를 거쳐 임시정부가 있는 부산으로 진격하기 위해서였다. 북한군 7사단을 막지 못할 경우에는 마지막 교두보인 부산까지 함락당할 위기에 내몰린 것이다. 대한민국의 운명은 그야말로 바람 앞의 등불이나 마찬가지였다. 이 누란(累卵)의 위기에서 대한민국을 구해낸 부대가 바로 김성은 부대였다.

 8월 17일, 김성은 부대는 해군 함정 7척의 지원을 받아 야음을 이용해 통영 장평리에 상륙했다. 그리고 통영의 길목인 원문고개를 차단한 후 통영읍으로 진격하여 북한군 7사단 선발대를 단숨에 궤멸시켰다. 적 사살 274명, 포로 147명의 전과를 올린 반면, 우리 측 피해는 전사

5명, 부상자 17명에 불과한 대승이었다.

　이후, 적의 후속부대가 원문고개로 끈질기게 몰려왔다. 통영의 관문인 원문고개는 전술상의 요충지였다. 김성은 부대는 9월 20일까지 사력을 다해 원문고개를 방어했다. 통영상륙작전과 원문고개 사수는 낙동강 방어선의 서쪽이 뚫리는 것을 막아낸 쾌거였다. 만약 북한군 7사단이 거제도를 거쳐 부산으로 몰려왔다면 어떻게 되었을까? 생각만으로도 끔찍한 일이 아닐 수 없다.

　이때 '뉴욕 헤럴드 트리뷴지'의 종군 여기자 마거릿 히긴스(Margarett Higgins)가 한국 해병대의 전공을 '귀신 잡는 해병(They might capture even the devil)'이라는 제목으로 보도했다. 이후 '귀신 잡는 해병'은 한국 해병대의 영원한 별명이 되었다. 해병대는 통영상륙작전을 기점으로 무적의 신화를 만들어 나간다.

히긴스

인천상륙작전과 한·미 해병대의 우정

 김성은 부대가 통영에서 북한군 7사단을 저지함으로써 부산이 안전하게 되었고, 인천상륙작전이 차질 없이 예정대로 진행되었다. 인천상륙작전을 수행할 부대는 미 극동해군 제7함대와 상륙부대인 미 제10군단(미 제1해병사단과 미 제7보병사단)으로 편성된 미 제7합동기동부대였다.
 한국 측 참전부대는 상륙부대인 해병 제1연대(1950년 9월 1일, 승격 창설), 그리고 육군 제17연대였다. 해병 제1연대는 미 해병 1사단에 배속되었고, 육군 제17연대는 미 7사단에 배속되었다. 작전지휘 계통상으로는 미 제7합동기동부대의 작전 지휘를 받았지만, 실질적으로는 신현준 대령이 대한민국 해병대를, 백인엽(白仁燁) 대령이 육군 제17연대를 지휘했다. 비록 작전 지휘권은 없었지만, 손원일 해군총참모장도 신현준과 함께 인천상륙작전에 참전했다.
 6·25전쟁이 발발하자 한국 해병대는 제주도에서 지원병을 모집하여 병력을 급속하게 늘렸다. 따라서 신병들을 무장시킬 장비가 턱없이 부족했다. 하지만 더 큰 문제는 신병들의 전투능력이었다. 해병대는 교육

훈련을 제대로 시키지 못한 상태에서 신병들을 전장에 배출해야 했다. 이처럼 걸음마 단계였던 우리 해병대를 도와준 은인이 바로 미국 해병대였다.

인천상륙작전에 참전한 한국 해병대원들은 제주도에서 지원한 나이 어린 학생 출신이 대부분이었다. 이들 신병들 중에는 소총 한 번 제대로 쏴보지 못한 사람들도 있었다. 미 해병 1사단 예하 연대들은 한국 해병대 1개 대대씩을 자신들의 부대에 배속시켜 실전교육을 시켜주었다.

한국 해병 1대대는 미 해병 5연대에, 2대대는 미 해병 1연대에, 그리고 5대대는 미 해병 7연대에 배속되어 서울수복작전 때까지 함께 싸웠다. 한국 해병대와 미국 해병대는 이후에도 도솔산지구와 서부전선에서 계속 함께 싸우며 '형제 해병(Brother Marine)'의 우의를 다졌다.

미국 해병대는 한국 해병대에게 수많은 장비도 제공했다. 분대마다 BAR(브라우닝 자동소총) 1정을 제공했으며, 중대마다 60㎜ 박격포 3문, 대대마다 81㎜ 박격포 6문과 3.5인치 대전차로켓포 8문을 지원하여 우리 해병대의 화력을 증강시켰다. 당시로서는 엄청난 화력이었다.

또한 소대 단위까지 유선전화기를 설치해주었을 뿐만 아니라 SCR-300 무전기(원거리용), ANPRC-10 무전기(근거리용) 등을 지원하여 한국 해병대가 종합적인 전투 지휘능력을 가질 수 있도록 도와주었다.

그뿐만이 아니었다. 쌀과 각종 부식은 물론 야전식량인 C-레이션까지 충분히 지급하여 한국 해병대 장병들이 배불리 먹으며 전투를 할 수 있게 했다. 가장 주목해야 할 점은 초보적인 수준의 우리 해병대에게 선진 해병대의 전술을 전수했다는 것이다.

1950년 9월 15일 0시, 인천 앞바다를 가득 메운 UN군 8개국의 함정이 작전을 개시했다. 동원된 함정은 미국 225척, 영국 12척, 캐나다 3척, 호주 2척, 뉴질랜드 2척, 프랑스 1척, 네덜란드 1척, 그리고 대한민국 해군 15척, 총 261척이었으며, 지상군 병력은 7만5천여 명에 달했다.

05시, 항공모함에서 발진한 코르세어 함재기들이 월미도를 폭격하기 시작했다. 건너편 인천항의 해안포대에서 응사를 했지만, 아군의 순양함과 구축함들이 포문을 열기 시작하자 곧 잠잠해졌다.

첫 번째 상륙목표는 월미도와 소월미도였다. 06시 31분, 상륙 선봉부대인 미 해병 5연대 3대대 병력이 월미도 해안에 상륙했다. 월미도와 소월미도의 북한군 소탕작전은 정오경에 완전히 마무리되었다.

18시, 밀물시간에 맞춰 인천을 목표로 한 2차 상륙작전이 성공적으로 수행되었다. 한국 해병대 주력 부대는 미 해병 5연대와 함께 인천 만석동 적색해안(Red beach)에 상륙했다. 상륙작전에 성공한 한미연합군은 북한군 소탕작전을 개시했다. 인천 시내에서 벌어진 맹렬한 시가전 끝에 9월 16일 새벽, 결국 북한군은 인천을 포기했다.

적색해안으로 돌격하는 한국 해병대

적색해안에 상륙하는 한국 해병대

  9월 17일, 인천 시내의 잔적(殘敵)을 모두 소탕한 한국 해병대는 서울을 탈환하기 위해 진격했다. 부평과 김포, 서울 서쪽 104고지와 연희고지(인왕산-연세대 뒷산-한강을 연결하는 능선)에서 전투를 치르며 진격한 한국 해병대는 9월 26일, 서울역 앞까지 진출했다. 남대문 옆 건물에 진지를 구축한 북한군이 필사적으로 저항했다. 이어 서울시내 곳곳에서 시가전이 벌어졌다.

  9월 27일 오전 6시 10분경, 해병대 6중대 1소대장 박정모(朴正模) 소위와 양병수(梁丙洙) 이등병조, 최국방(崔國方) 견습해병 세 사람이 중앙청에 태극기를 게양했다. 드디어 한국 해병대가 서울을 탈환한 것이다.

"9월 27일 오전, 중앙청에 태극기를 올립니다. 서울 시내를 완전히 점령한 것은 9월 28일인데, 그 때 서울을 탈환한 후 손원일 총장 하고 신현준 사령관은 서울 시민에게 포고문을 발표했습니다. 9월 29일, 이승만 대통령이 중앙청에서 맥아더 장군으로부터 서울시를 탈환했다는, 수복했다는 환도식(還都式)을 가졌어요."[32]

신현준은 인천상륙작전과 서울탈환작전의 전공을 인정받아 해병대 준장으로 진급했으며, 미국 정부가 외국군에게 주는 최고의 무공훈장인 은성무공훈장(Silver Star)을 받았다.

---

32) 제6대 해병대사령관 공정식 해병 중장 인터뷰, 2013년 4월 30일, 해병대기념관

UN군의 북진과 중공군 참전

인천상륙작전은 6·25전쟁의 판도를 뒤집어놓았다. 인천상륙작전으로 인해 퇴로가 끊긴 낙동강 방어선의 북한군은 혼비백산(魂飛魄散)하여 달아나기에 바빴다. 상황은 바뀌어, 이번에는 국군과 UN군이 북으로 진격했다.

9월 28일에 서울이 수복되었으며, 10월 1일에는 김백일 장군이 지휘하는 육군 제1군단(수도사단, 3사단)이 38도선을 돌파했다. 국군과 UN군은 서로 경쟁이라도 하듯 빠르게 북진했다. 10월 10일, 동부전선의 국군 제1군단이 원산을 점령했고, 10월 19일에는 서부전선의 국군 제1사단과 UN군이 평양에 입성했다.

한국 해병대는 미국 해병대와 함께 움직였다. 10월 7일, 인천항을 떠난 한국 해병대가 10월 27일에야 원산항에 상륙했다. 국군 1군단이 원산을 점령한지 17일이나 지난 후였다. 북한군이 원산항에 부설한 기뢰들을 제거하느라고 상륙이 늦어졌던 것이다.

한국 해병대는 고성, 통천 등 금강산 일대에 산재해 있는 북한군 패잔병 소탕작전을 펼쳤다. 이때 해병대는 수많은 소부대 전투를 통해 전투경험을 축적하게 된다. 특히 제주도에서 선발한 신병(3기와 4기)들이 빠르게 전투에 적응해가며 역전의 용사로 거듭나게 된다. 또한 한국 해병대는 함흥까지 진격하여 함흥 일대를 수비하고 경계하는 임무를 수행했다.

북진 중 함흥에서. 중앙 왼쪽이 신현준, 오른쪽이 김성은(1950. 10.)

이때, 생각지 못한 변수가 발생했다. 모택동이 중공군을 파병한 것이다. 10월 25일, 서부전선의 국군과 UN군이 박천-운산-온정리-희천을 연결하는 선까지 진출하였을 때 수십만 명에 달하는 중공군에게 불의의 기습(중공군 제1차 대공세)을 당했다. 10일 정도 공격을 하던 중공군이 11월 6일경, 돌연 자취를 감췄다. 나중에 알려진 일이지만, 보급품이 떨어져 전열을 재정비하기 위해 자취를 감춘 것이었다.

국군과 UN군이 다시 진격을 개시했다. 하지만 11월 25일, 자취를 감추었던 중공군이 다시 그 모습을 드러냈다. 일명 제2차 대공세였다. 제1차 대공세는 서부전선에서만 이루어졌지만, 이번에는 달랐다. 전 전선에서 공격이 이루어진 것이다.

1차로 북한에 진입한 제13병단 18개 사단이 서부전선으로 밀고 내려왔으며, 2차로 투입된 제9병단 12개 사단이 동부전선을 맡아 국군과 UN군을 동서로 양분하여 대공세를 취했다. 뛰어난 화력과 수많은 폭격기를 보유한 UN군이었지만, 끝없이 밀려오는 30만 명에 달하는 중공군 앞에서는 속수무책이었다.

서부전선의 국군과 UN군은 12월 중순(15일)에는 38도선 북방까지 후퇴를 계속하였으며, 12월 말에 이르러서는 임진강-연천-춘천-양양을 연결하는 방어선을 형성하게 된다. 한편, 동부전선의 국군과 UN군은 함흥, 흥남, 성진 등의 항구에서 함정을 이용하여 바다로 철수했다.

원산과 함흥에 주둔하고 있었던 대한민국 해병대도 이때 철수를 단행했다. 12월 8일, 원산의 1대대와 3대대가 바닷길을 이용하여 부산으로 철수했으며, 12월 15일에는 함흥의 2대대와 5대대가 군용기로 철수하여 진해에 집결했다.

또 다시 참척(慘慽)의 슬픔을 겪다

　함흥 지구에서 전투를 지휘하는 동안 신현준은 또 다시 자식을 잃는 슬픔에 맞닥뜨리게 된다. 당시 신현준의 가족은 서울 장충동의 임시거처에 머물고 있었다. 사건은 11월 22일, 신현준의 아내 함혜룡이 시장에 장을 보러 간 동안 발생했다.

　신현준의 집에는 경비병 한 명이 파견 나와 있었는데, 그 병사가 화장실에 간 사이에 어린 장남 옹목이가 병사의 카빈소총에 손을 대고 말았다. 한창 호기심 많은 나이인 9살의 옹목이는 카빈소총을 만지며 장난을 치다가 무심코 방아쇠를 당기고 말았다.

　불행하게도 그날따라 소총에는 실탄이 장전되어 있었다. 더 불행한 것은 발사된 총탄에 신현준의 장녀 순희(純姬)와 처제 함혜금(咸惠今)이 맞았다는 것이다. 순희는 4살, 혜금은 16살이었다. 순희는 그 자리에서 숨을 거두었고, 병원으로 옮겨져 치료를 받던 혜금도 결국 숨지고 말았다.

　자식과 동생을 한꺼번에 잃은 함혜룡은 망연자실했다. 그때 함혜룡이 의지할 수 있는 사람은 동생 혜금과 친하게 지냈던 '수산나'라는 세례명을 가진 처녀 한 사람뿐이었다. 평소 신현준의 집에 자주 드나들었던 수산나는 사건 당일에도 혜금을 만나러 왔다가, 비극을 목격했다고 한다.

수산나는, "순희에게 세례(洗禮)를 주어서 천주교(가톨릭) 묘지에 묻는 것이 어떻겠냐."고 권유했다. 함혜룡은 수산나의 권유를 받아들였다. 사후 영세를 받은 순희는 가톨릭 묘지에 묻혔다. 이것이 계기가 되어 훗날 신현준 일가는 모두 가톨릭에 귀의(歸依)하게 된다.

공교롭게도 신현준은 그의 아버지와 둘째 아들, 그리고 첫째 딸이 세상을 떠날 때 모두 곁을 지키지 못했다. 군인이라는 직업 때문이었다. 그때마다 신현준이 느꼈을 고통과 슬픔이 얼마나 격심했을지는 짐작하고도 남음이 있다.

> 나는 커다란 충격과 슬픔에도 불구하고, 이러한 때일수록 자신이 처한 위치와 국가가 맡긴 책임에 대하여 더욱 깊이 생각하고 전념해야 한다고 생각하면서 마음을 굳게 먹었다. 그리고 다른 한편으로는 6·25동란이라는 국가적인 비극을 당하여, 사랑하는 가족들을 희생하거나 조국을 위해서 바쳤던 사람들의 심정을 생각하면서 자신의 불행을 위로하기도 하였다.
> 순희가 숨진 뒤에 나는 스스로도 많이 달라졌음을 느끼게 되었다. 나는 원래 어려서부터 많은 고생과 시련을 겪으면서 살아온 탓인지, 웬만한 일에는 눈물을 보이지 않았으며 매사에 냉정하게 대하

는 편이었다. 그러나 사랑하는 장녀 순희가 이 세상을 떠난 뒤에는 마음도 많이 약해졌는지, 눈물을 흘리는 일이 잦아진 것이었다. 그리고 한 가지 특기(特記)할 사실은 순희의 죽음과 영세가, 뒷날 우리 부부는 물론 결정적인 가족 모두가 천주교에 귀의하는 한 계기가 되었다는 점이다.[33]

---

33) 신현준, 「노해병의 회고록」, P.126.

계속되는 무적해병의 신화

철수를 완료한 신현준은 해병대 조직을 재정비했다. 해병대사령부와 전투부대를 분리한 것이다. 당시 해병대사령부는 일선부대를 따라다니며 작전을 지휘했다. 그러다 보니 사령부의 고유 업무보다 전투부대를 관장하는 역할에 더 많은 비중을 둘 수밖에 없었다. 하지만 해병대의 규모가 날이 갈수록 커지면서 사령부와 전투부대를 분리하여 재편할 필요가 생긴 것이다.

1950년 12월 21일, 부산 용두산(龍頭山)에 해병대사령부가 설치됐다. 병력보충과 신병훈련, 부상자와 사상자의 처리, 인사관리와 예산업무, 군수물자 보급 등은 해병대사령부가 담당하게 하는 한편, 신편 창설된 연대본부가 전투부대를 관장하게 했다.

당시 해병대가 보유하고 있던 4개의 대대 중 1, 2, 3대대를 묶어 해병 제1연대로 신편하고, 5대대는 독립대대로 남겨두었다. 새로 편성된 제1연대장에는 김성은 대령이 임명됐다.

1951년 1월 4일, 국군과 UN군이 서울을 다시 공산군에게 내주고 말았다. 이른바 1·4 후퇴였다. 1·4 후퇴는 연합군에게는 자존심에 상처를 주었고, 국민에게는 서울을 두 번 버려야만 하는 아픔을 심어주었다.

평택–여주–제천–삼척을 잇는 37도선에서 전열을 재정비한 국군과 UN군이 1951년 1월 25일, 총반격을 개시했다. 이 무렵 해병 1연대는 미 해병 1사단에 배속되어 경상북도 영덕지구에 투입됐다. 북한군 10사단을 토벌하는 것이 한·미 해병대의 임무였다.

북한군 10사단은, 낙동강 전선에 투입되었다가 미처 후퇴하지 못하고 태백산에 숨어들었던 북한군 패잔병과 1·4후퇴 때 우리 후방으로 침투한 북한군 게릴라 부대가 합쳐진 부대였다. 이들은 청송, 안동, 영덕 등지에서 준동하며 대구를 위협하고 있었다. 반격에 나선 아군에게 후방의 게릴라부대는 위협적인 존재일 수밖에 없었다. 한·미 해병대는 약 보름에 걸쳐 게릴라부대를 성공적으로 토벌했다.

2월 중순, 해병 1연대는 강원도로 전선을 옮겼다. 해병 1연대는 영월지구전투, 정선지구전투, 화천지구전투에서 잇달아 대승을 거두며 해병대의 위명을 떨쳤다. 특히, 그해 6월에는 난공불락의 요새인 도솔산지구를 탈환하여 '무적해병(無敵海兵)'이라는 별칭을 얻게 된다.

도솔산지구는 중동부전선의 심장이었다. 즉 원산을 꼭짓점으로 하고 양양–양구–철원 선을 밑변으로 하는 중동부전선의 한 가운데인 '삼각산악지구'에 위치한 전략요충지였다. 동쪽으로는 인제와 속초, 서쪽으로는 양구와 화천 지역으로 통하는 도로를 감제(瞰制)[34]할 수 있

---

34) 감제(瞰制): 높은 지점에서 적을 관측하거나 사격하여, 적의 활동을 방해할 수 있는 능력이나 행위

는 고지였다. 그 때문에 북한군은 도솔산 봉우리와 주변 능선의 요소마다 철옹성 같은 방어선을 구축했다.

5월 하순경, 미 해병 1사단이 도솔산 지구를 공격했다. 하지만 도솔산지구는 난공의 요새(要塞)였다. 미 해병 5연대가 24개의 공격 목표 중에서 8목표 전방의 고지 하나만을 점령하는데 수백 명의 사상자가 발생했다. 결국 미 해병 1사단은 손을 들고 말았다.

제9목표에서 전사한 전우들을 위해 나무에 '충령(충성스러운 영령)'이라고 쓰고 있는 해병대 병사

그런데 미국 해병대조차 혀를 내두르며 포기했던 도솔산지구를 한국 해병 1연대가 단숨에 점령해버렸다. 6월 4일에 탈환작전을 시작하여 6월 20일에 종결해버린 것이다. 도솔산전투 24개의 목표 중 한국 해병대가 탈환한 목표는 22개였다. 세계 최강이라는 미 해병대가 점령한 목표가 불과 2개였다는 사실과 비교해 봤을 때 실로 어마어마한 전과였다.

1955년, 한자리에 모인 도솔산전투의 주역들. 왼쪽으로부터 김대식 준장(당시 제1연대장), 신현준 소장, 공정식 대령(당시 제1대대장), 김종식 중령(당시 제1연대 작전주임).

또한 도솔산전투는 동해안과 중동부전선의 북부를 탈환하는 계기가 된 전투였다. 즉 한반도 중동부전선을 38도선 북쪽으로 올리는데 결정적인 역할을 한 전투였던 것이다.

도솔산전투는 한국 해병대를 바라보는 미국 해병대의 인식을 바꾸는 계기가 되었다. 얼마 전까지만 해도 자신들이 교육하고 장비를 지원했던 한국 해병대가 아니었던가. 미국 해병대는 경이(驚異)가 가득한 눈으로 한국 해병대에게 찬사와 갈채를 보냈다. 청출어람(靑出於藍)은 바로 이런 경우에 쓰는 말이 아니겠는가.

이승만 대통령이 해병대에게 하사한 '무적해병' 휘호

도솔산전투를 보고받은 이승만 대통령은 얼마나 기뻤던지 해병 1연대에게 '무적해병(無敵海兵)'이라는 휘호를 내렸다. 바로 이때부터 '무적해병'은 '귀신 잡는 해병'과 함께 해병대를 상징하는 해병대의 별칭이 되었다.

사천강~장단지구전투

1951년 6월 23일, UN주재 소련대사 말리크가 UN군 측에 휴전회담을 제의했다. 끊임없는 소모전에 지친 공산군과 UN군 모두 전쟁을 중지해야 한다는데 의견을 함께했다.

1951년 7월 10일, 개성에서 제1차 휴전회담 본회담이 열렸지만, 이후 회담은 2년여에 걸쳐 지루하게 계속된다. 이때부터 6·25전쟁의 양상이 많이 달라졌다. 개전 초기 북한군이 낙동강까지 밀고 내려왔던, 그리고 우리가 반격에 성공하여 압록강까지 밀고 올라갔던, 전면적으로 밀고 밀리는 전투가 사라진 것이다. 이후 2년여 동안의 전투는 UN군과 공산군이 38도선 부근에서 서로 유리한 지형, 즉 적을 내려다볼 수 있는 고지를 확보하기 위한 '고지쟁탈전' 형태로 변모했다.

한국 해병대는 도솔산전투 이후에도 대우산전투, 김일성고지전투, 월산령지구전투 등에서 위명을 떨쳤다. 1952년 3월 17일, 해병 1연대가 서부진선 장단지구로 이동하여 김포지구의 독립 5대대와 연계하여 수도권을 방어하게 됐다.

두 번이나 적에게 서울을 빼앗기는 수모를 겪었던 이승만 대통령은 서부전선에서 불과 29마일 거리인 수도 서울의 방위에 부심했다. 고심을 거듭하던 이승만 대통령은 UN지상군사령관 겸 미 8군사령관 밴 플리트(James A. Van Fleet) 대장에게 인천상륙작전과 서울탈환작전의 선봉에 섰던 한·미 해병대를 서부전선으로 이동시켜 서울을 지키게 하라고 요청했다.

밴 플리트

이에 밴 플리트 장군은 휴전회담이 진행 중이던 판문점을 중심으로 오른쪽을 미 해병대에게, 왼쪽 지역인 사천강 연안의 장단 일대를 한국 해병 1연대가 지키게 한 것이다.

장단지구로 옮겨간 해병 1연대는 이후 중공군을 상대로 끊임없는 진지쟁탈전을 벌였다. 일명 사천강~장단지구전투였다. 장단지구에 배치된 중공군은 4개 사단(19병단 예하 65군단 소속 193, 194, 195 보병사단과 8포병사단) 4만2천여 명이었으며, 그 중 195사단이 우리 해병 1연대의 정면에서 대치했다.

연대병력으로 사단병력을 상대해야 했던 해병 제1연대는 보다 효과적이고 독자적인 전투를 수행하기 위해 1952년 10월 1일, 제1연대를 기간으로 독립 제5대대, 제1포병대대, 제1전차중대, 제1공병중대 등을 통합하여 제1전투단을 창설했다.

1952년 3월 17일부터 1953년 7월 27일에 정전협정이 체결될 때까지 495일 동안 수행한 수도방위작전의 상황은 어느 전선보다도 치열했다. 눈 앞(판문점)에서 휴전회담이 진행되는 것을 지켜보며 아군과 중공군은 연일 한 치의 땅이라도 더 확보하기 위한 쟁탈전을 반복했다.

하룻밤 사이에도 진지의 주인이 여러 번 바뀌는 치열한 접전이었다. 중과부적으로 밀리는 상황이 여러 차례 있었지만, 해병 제1전투단은 4배가 넘는 중공군의 공격을 저지하여 결국 서울을 지켜냈다.

"5천여 명에 불과한 우리 해병대가 중공군 4개 사단 4만2천여 명과 치열한 접전을 벌였습니다. '중공군이 새까맣게 몰려오고 있습니다. 야포로 갈겨주십시오.'라는 부하들의 절박한 외침을 들어야 하는 일이 비일비재했어요. 휴전회담이 진척되면서 한 치의 땅이라도 더 확보하기 위한 쟁탈전이 벌어져 하룻밤 사이에 진지 주인이 몇 번씩 바뀌는 일이 다반사였어요. 495일 동안 해병 776명이 전사하고 3,214명이 부상을 당했습니다. 하지만 우리는 끝까지 지켜냈습니다."[35]

---

35) 제6대 해병대사령관 공정식 해병 중장 인터뷰, 2010년 3월 3일, 해병대기념관

가톨릭에 귀의하다

1952년 11월, 신현준 가족이 가톨릭에 귀의했다. 부산 메리놀 병원 부속 성당에서 가족 모두가 영세를 받은 것이다. 2년 전에 첫째 딸 순희가 사후 영세를 받고 가톨릭 묘지에 묻힌 것이, 신현준 일가가 가톨릭 신자가 된 계기였다.

> 그 뒤 우리 가족은 2년에 걸쳐서 천주교 신자가 되기 위한 준비를 갖춘 뒤, 마침내 1952년 11월 9일 모두 함께 영세하였다. 우리 가정에 평화와 즐거움을 안겨다 준 신앙생활이 비로소 첫걸음을 내딛게 되었던 것이다.[36]

신현준이 받은 세례명은 요아킴, 그의 아내 함혜룡은 안나, 장남 옹목은 베드로, 삼남 옹인(雍仁)은 요안, 차녀 순옥(純玉)은 세실리아였다. 이날 신현준은 장면(張勉) 박사를 대부(代父)로 모시게 되는데, 장면 박사는 후일 제2공화국의 총리를 역임하는 인물이다.

---

36) 신현준, 「노해병의 회고록」, P.128.

정전협정 체결과 해병 제1여단 창설

1953년 7월 27일 오전 10시, 판문점에서 정전협정이 체결됐다. UN군 수석대표 해리슨(William K. Harrison, Jr.) 중장과 공산군 측 대표 남일(南日) 중장이 3통의 정전협정서와 부속 협정서에 각각 서명하는데 걸린 시간은 단 10분이었다.

이로써 3년 1개월 2일 동안 계속됐던 6·25전쟁이 종지부를 찍었다. 전쟁 결과 대한민국은 38도선 이북지역이었던 철원·화천·간성 일대와 서해 5도를 차지하였으나, 대신에 옹진반도와 개성-사천 일대를 잃었다.

그해 10월 1일, 신현준 소장(1952년 1월. 진급)은 김석범(金錫範)에게 해병대사령관직을 인계했다. 신현준은 6·25전쟁을 겪으면서 전방 제일선에 있는 전투부대를 강화해야 할 필요성을 절감했다. 그래서 자신이 일선에 직접 나가 그 일을 해야겠다고 생각했던 것이다.

사령관직을 인계하기 전인 9월 15일, 나는 이승만 대통령의 호출로 경무대(景武臺)에 가서 단독 면담을 가졌다.

이승만 대통령은 나에게 말씀하시기를 "지금 자네가 사령관직을 내놓겠다고 했다는데, 이런 시기에 그렇게 해도 되는 것인지 자네가 뜻하는 바를 한 번 듣고 싶네."라고 하였다.

이에 나는 대통령에게 다음과 같이 답변하였다. "제가 해병대사령관에 임명되어 해병대를 창설한지 이미 4년 7개월이 지났습니다. 그런데 제 생각으로는, 오늘날 해병대는 전방 제일선에 나가 있는 전투부대를 강화해 나가야 할 줄로 믿고 있습니다. 지금 제 나이가 38세인 까닭에 아직 퇴역(退役)하기에는 이르다는 생각입니다. 그래서 저는 이 기회에 해병전투단을 여단(旅團)으로 조직을 확대 편성하는 일을 맡겨주실 것을 해군 참모총장께 진언(進言)한 바가 있습니다."

이와 같이 대통령께 말씀드리자, 이 대통령은 나의 뜻을 받아들여 주었다.[37]

해병대사령관에서 물러나 여단 편성 작업에 착수한 신현준은 1953년 10월 15일, 경기도 파주군 금촌(金村)에서 해병 제1여단을 창설(1954년 2월 1일에 정식 창설)하고 기념식을 가졌다. 이날 창설식에 참석한 이승만 대통령은 신현준에게 무공훈장 중 최고의 훈장인 은성태극무공훈장(銀星太極武功勳章)을 수여했다. 1952년 10월에 이어 두 번째 수훈하는 태극무공훈장이었다. 대한민국 군인들 중에서 태극무공훈장을 두 번이나 수훈한 사람은 신현준이 유일무이하다.

---

37) 신현준, 「노해병의 회고록」, P.131.

또한 이승만 대통령은 '해병수훈(海兵殊勳)'이라고 쓴 친필 휘호를 선물하기까지 했다. 이승만 대통령이 해병대와 신현준을 얼마나 소중하게 생각했는지 잘 보여주는 대목이다.

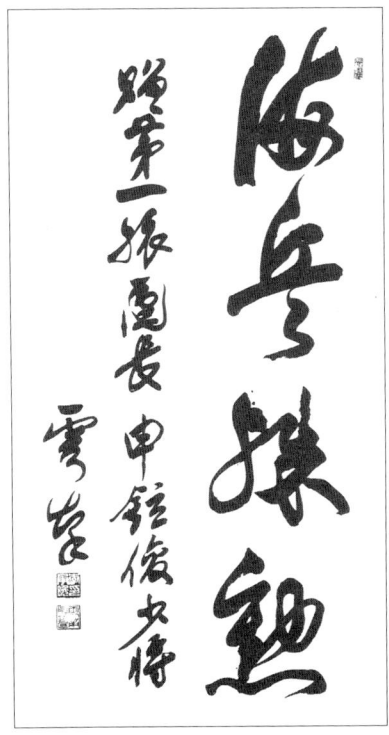

이승만 대통령의 친필 휘호

1년여 동안 해병 제1여단의 초석을 다진 신현준은 김대식(金大植, 제3대 해병대사령관 역임) 장군에게 임무를 인계하고 1954년 11월 1일, 육군대학에 입교한다. 해병대 제1여단은 다음해인 1955년 1월 15일, 사단으로 승격한다.

이승만 대통령으로부터 은성태극무공훈장을 수훈하는 신현준. 사진 왼쪽에 서있는 사람이 손원일 국방부장관.

4·19의거와 5·16 군사쿠데타의 격랑 속에서

　육군대학 과정을 마친 신현준은 1956년 9월부터 1958년 7월까지 합동참모본부에서 제3(군수)부장과 제2(정보)부장으로 근무했다. 1958년 9월부터 4개월 동안 미국 캔사스 주의 미 육군참모대학에서 단기 과정을 이수한 신현준은 1959년 1월 10일, 해병 진해교육기지사령을 맡아 다시 해병대에서 복무하게 된다. 정예 해병 교육훈련에 전념하던 신현준은 1960년 6월 25일, 중장으로 승진한다.
　1960년 3월 15일, 제4대 대통령 선거와 제2대 부통령 선거가 실시됐다. 이 선거에서 이승만의 자유당정권은 사전투표, 투표용지 바꿔치기 등 온갖 부정행위를 저질렀다. 이에 3·15부정선거를 규탄하는 국민들의 시위가 전국에서 요원의 불길처럼 일어났다.
　국민들의 시위가 정점에 올랐던 4월 19일, 서울에서 경찰이 시위대에게 발포하는 불상사가 발생했다. 시위의 불길은 더욱 거세게 타올랐다. 4월 26일, 결국 이승만 대통령이 하야성명을 발표했다. 제1공화국이 막을 내린 것이다. 5월 2일, 허정(許政) 외무부장관을 내각수반으로 하는 과도내각(過渡內閣)이 수립됐다. 과도내각은 이후 3개월 동안 행정부를 맡아 국무를 수행한다.

4·19의거가 일어나자 육사 8기 출신의 영관급 장교들이 정군(整軍)을 주장하고 나섰다. 군내에 관행적으로 내려온 고질적인 병폐와 비리를 척결해야 한다는 것이었다. 정군파 장교들은 이승만 정권 당시 요직을 지낸 고위 장군들과 중장급 이상의 장군들은 물러나야 한다고 주장했다.

동요하고 있는 군의 상황을 진정시킬 수 있는 적임자가 이종찬(李鍾贊) 장군이라고 판단한 허정 내각수반은 그를 제8대 국방부장관에 임명했다. 7월 1일, 국방부장관 특별보좌관에 임명된 신현준은 이종찬 장관을 도와 군의 동요를 수습하는데 힘을 보탰다.

7월 29일, 제5대 국회의원선거가 실시됐다. 7·29총선 결과 의원내각제인 제2공화국이 수립됐다. 8월 13일, 윤보선(尹潽善)이 제4대 대통령에 취임했다. 8월 19일에는 장면(張勉)이 의원내각제에서의 실질적인 내각수반인 국무총리에 인준됐다.

그해 9월의 어느 날, 장면 총리가 신현준을 불러 군사상황에 대해 이것저것 조언을 구했다. 같은 가톨릭 신자이며, 자신의 대자(代子)인 신현준이 여러모로 상대하기 편했던 것으로 보인다. 허심탄회하게 정국을 의논하던 장면 총리가 신현준을 해군참모총장에 임명하겠다는 뜻을 밝혔다.

국무총리 취임 축하 리셉션에서 장면과 악수하고 있는 신현준

그때 장 총리는 나에게 "내가 귀관에 대해 좋은 평을 많이 듣고 있는 터인데, 앞으로는 귀관이 우리 해군을 맡아서 지휘해 주기를 바란다."고 하였다. 즉, 그분은 나에게 해군참모총장직을 맡길 뜻이 있음을 밝혔던 것이다.

이에 대하여 나는 "송구스럽게도 저를 그토록 특별히 생각해 주시니, 진심으로 감사드립니다. 그러나 저로서는 해군의 지휘를 맡아 달라는 말씀을 받아들일 수가 없습니다."라고 대답하였다. 이어서 나는 내가 해군에서 해병대로 전과한 처지이기 때문이라고 덧붙여 설명 드렸다. 그러자 장 총리는 "신 장군처럼 벼슬을 주려고 하는데 마다하는 사람은 세상에 처음 보았다."라고 하면서, "유감스럽기는 하나 이 또한 아름답고 좋은 일"이라고 칭찬해 주었다.[38]

1961년 4월 1일, 신현준은 국방부차관보에 임명됐다. 국방부차관보는 신현준의 군 생활 마지막 보직이었다. 장면 총리의 제2공화국은 정국을 제대로 수습하지 못했다. 집권당인 민주당(民主黨)의 무능력으로 인해 나라는 혼란에 휩싸였다.

1961년 5월 16일, 박정희(朴正熙) 소장과 육사 8기 출신 정군파 장교들을 중심으로 하는 일단의 군인들이 5·16 군사쿠데타를 일으켰다. 쿠데타의 명분은 두 가지였다. 첫 번째 명분은 장면 정권의 무능력과 그로 인한 사회의 혼란을 바로 잡는다는 국가개조(國家改造)였다. 두 번째 명분은 그동안 군부에 관행적으로 대물림된 고질적인 병폐와 비리를 척결하겠다는 정군(整軍)이었다.

정권을 잡은 이들은 2년 7개월 동안 군정을 실시한다. 이후 박정희 장군은 1963년 10월 15일에 실시된 제5대 대통령선거에 당선되어 제3공화국을 출범시킨다.

쿠데타에 성공한 주체세력은 군을 장악하기 위해 자신들에게 반대했던 장군들과 3성 장군들의 군복을 벗겼다. 당시 우리 군의 최고 계

---

38) 신현준, 「노해병의 회고록」, P.137.

급은 3성 장군이었다. 1950년대에 백선엽(白善燁), 정일권(丁一權), 이형근(李亨根) 세 사람이 육군 대장에 임명되었지만, 1961년 당시에는 각 군의 참모총장을 비롯하여 요직에 앉아있던 장군들이 모두 3성 장군이었다. 1961년 7월 4일, 해병 중장이었던 신현준도 예비역에 편입됐다.

전역과 미국 네바다 주립대학 유학

정권을 장악한 박정희 국가재건최고회의(國家再建最高會議) 의장은 옷을 벗긴 군 선배들을 미국으로 유학 보냈다. 그들이 국내에 남아있으면, 군을 장악하는데 방해가 된다고 생각했던 것이다. 박정희는 제5대 대통령에 당선된 이후, 그들을 다시 불러들여 국가 요직을 맡긴다.

1961년 8월 20일, 신현준은 미군 군용기 편으로 김포공항을 떠나 미국 유학길에 올랐다. 쿠데타 당시 주체세력의 반대편에 섰던 제1군사령관 이한림(李翰林) 장군, 제1군사령부 참모장 황헌친(黃憲親) 장군, 육군사관학교장 강영훈(姜英勳) 장군과 함께였다.

미국에 도착한 네 사람의 전직 장군들은 뿔뿔이 흩어졌다. 이한림 장군의 행선지는 캘리포니아 주립대학, 황헌친 장군은 애리조나 주립대학, 강영훈 장군은 뉴멕시코 주립대학, 그리고 신현준은 네바다(Nevada) 주립대학이었다.

돌이켜 생각해 보면, 5·16 군사혁명 당시 반대편에 섰던 육군 출신

세 장군과 나는 비슷한 처지에 있었던 것 같다. 더욱이 흥미 있는 사실은 타의에 의해 미국 유학길에 올랐던 4명이 모두 천주교 신자였다는 점이다. 아무튼 우리 네 사람을 미국으로, 그것도 각자 멀리 떨어진 대학으로 입학하도록 조치하여 유학을 보냈던 것은, 이른바 혁명 주체세력에 의한 정치적인 조치였다고 할 수 밖엔 없었다.

그러나 유학하게 된 사연이야 어떻든지 간에, 어렸을 때부터 배움에는 항상 의욕적이었던 나로서는 뜻밖에 갖게 된 배움의 길에서 얻는 기쁨이 더 컸었다.[39]

---

39) 신현준, 「노해병의 회고록」, PP.140-141.

외교관으로 변신하다

　1년 동안의 유학생활을 마친 신현준이 1962년 8월, 귀국했다. 그리고 1963년 1월 5일, 초대 주(駐) 모로코(Morocco)왕국 특명전권대사에 임명되어 외교관의 길을 걷게 된다. 군 선배에 대한 박정희 국가재건최고회의 의장의 배려였다.

> 당시 내가 대사직에 임명된 것은 아무래도 당시 박정희 대통령의 나에 대한 배려의 결과라고 볼 수밖엔 없었고, 따라서 나는 개인적으로 그에 대해서 미안하면서도 감사한 마음을 갖고 있었다. 그러나 나는 공적인 면으로서는 다소 부담스러움을 느끼고 있었다. 당시 외무부 내에 대사직에 임명할 만한 인재가 없어서, 그 대신에 나를 임명한 것은 아니었을 터였기 때문이다.[40]

---

40)　신현준, 「노해병의 회고록」, P.158.

박정희 최고회의 의장으로부터 주 모로코왕국 대사 임명장을 받는 신현준

아프리카의 서북단에 위치한 모로코왕국은 지브랄타(Gibraltar) 해협을 사이에 두고 스페인과 마주 바라보고 있는 이슬람 국가이다. 1912년에 프랑스와 스페인의 보호령으로 분할되어 식민지(남부 지방은 프랑스, 북부 지방은 스페인)가 되었다가 1956년에 독립했다. 19세기부터 프랑스의 영향을 많이 받았던 모로코왕국은 원주민의 언어인 아랍어와 베르베르어 외에 프랑스어도 공용어로 사용했다.

당시 대한민국은 세계 최빈국 중의 하나였다. 이 때문에 국내뿐만 아니라 해외에 파견된 외교관들도 허리띠를 졸라매야만 했다. 출국을 앞둔 신현준 부부는 고민에 빠졌다. 신현준이 받는 월급으로는 6명의 자녀들을 모두 임지에 데려갈 수 없었기 때문이었다. 고심 끝에 신현준 부부는 초등학교 3학년이던 셋째 딸 순미(純美)와 아직 일곱 살배기 막내딸 순호(純互)만을 데리고 모로코로 향했다.

외국 항공편을 이용해야 했기 때문에 임지로 가는 길도 순탄치 않았다. 1월 31일에 서울을 출발하여 홍콩, 파리, 로마를 경유하여 2월 4일이 되어서야 모로코왕국의 수도 라바트(Rabat)에 도착할 수 있었다.

로마를 경유할 때, 신현준은 과거 자신이 국방부장관으로 모셨던 주(駐) 이탈리아 대사 이종찬 장군을 방문했다. 이종찬 대사는 신현준의 가족을 환대하며, 그들에게 일생일대의 기쁨을 맛보게 해주었다. 신현준 가족이 꿈에 그리던 가톨릭교회의 성지(聖地)인 '바티칸 시국(Vatican 市國)'을 둘러볼 수 있게 해준 것이다.

바티칸 시국은 이탈리아의 수도인 로마의 북서부에 있는 작은 독립국가이다. 가톨릭교회의 최고 지도자인 교황(敎皇)이 통치하는 신권국가(神權國家)인 바티칸 시국은 전 세계 가톨릭 신자들에게 세 가지 점에서 특별한 의미를 가지고 있다.

전 세계 가톨릭교회를 통할하는 교황청(敎皇廳)으로서의 의미, 국제법상 독립국가로서의 교황령(敎皇領)을 통치하는 정부로서의 의미, 로마 교구(敎區)의 교구청(敎區廳)이라는 의미가 그것이다. 한마디로 바티칸 시국은 교황을 중심으로 하는 전 세계 가톨릭교회의 총본부인 것이다.

신현준 부부와 두 딸은 로마에 유학 중인 백남익(白南翼) 신부의 안내를 받아 로마 시내와 바티칸 시를 관광하며 감탄을 연발했다. 특히 성 베드로 성전에 들어갔을 때, 성전의 웅장한 규모와 화려하고 아름다운 성화(聖畫)들에 압도당해 감격에 겨워했다고 한다.

이때 이제 불과 열 살의 나이인 어린 순미(젬마)는 제 어머니의 손을 잡고 말하기를, "엄마, 우리도 이곳에 와서 살 수 있다면 참 좋겠어요."라고 하였다. 이에 아내는 딸에게, "네 소원이 그렇다면, 앞으로 천주님께 열심히 기도를 바치도록 해 보거라." 하고 말해주었다. 그런데 10년이 지난 뒤에 순미의 소원이 이루어져서 바티칸에서 여러 해 동안 행복하게 살 수 있게 되리라고, 당시에는 아무도 생각할 수 없었다.[41]

---

41) 신현준, 「노해병의 회고록」, PP.153-154.

초대 주 모로코 대사 시절의 비화

신현준은 1년이 지난 후에야 나머지 자녀들도 모로코로 불러들일 수 있었다. 먼저 데리고 온 순미와 순호는 프랑스인 학교에 다니고 있었는데, 나중에 도착한 자녀들은 학비가 싼 미국인 학교에 보냈다고 한다.

신현준은 모로코 대사뿐만 아니라 같은 아프리카 대륙에 위치한 라이베리아(Liberia) 주재 대사도 겸임했는데, 워낙 거리가 멀리 떨어져 있어 거의 왕래할 수 없었다고 한다. 당시로서는 어쩔 수 없는 일이었다.

앞에서도 얘기했듯이 그때 대한민국은 전 세계에서 가장 못사는 나라 중의 하나였다. 심지어는 북한보다도 못 살았다. 우리가 경제력에서 북한을 추월한 것은 그로부터 10년 후인 1974년 무렵이다. 그런 형편이니 모로코에서 외교활동을 하는 것만으로도 버거웠을 것이다.

당시 대한민국의 외교는 우리에게 원조를 하고 있는 미국 일변도였다. 워낙에 경제력이 약했던 탓에 동남아와 남미, 아프리카 등 제3세계 국가들에는 외교관을 거의 파견하지 못하는 상황이었다. 이에 비해 북한은 제3세계 국가들을 대상으로 활발한 외교활동을 전개하고 있었다.

핫산 모로코 국왕에게 신임장을 제정한 후 환담하는 신현준(1963. 2.)

1965년 5월 31일, 본국 정부로부터 신현준에게 중요한 훈령이 도달했다. 그해 알제리(Algeria)에서 개최하기로 예정되어 있는 '제2차 아시아-아프리카(AA) 회의'에 우리 정부 대표가 참석할 수 있도록 초청장을 입수하라는 내용이었다.

1955년 4월에 아시아와 아프리카 지역의 29개국 대표가 인도네시아 반둥에서 제1차 회의(일명 반둥회의)를 개최한, 아시아-아프리카회의는 비동맹주의(非同盟主義)를 표방하는 국제기구였다. 즉 자본주의국가 동맹과 공산주의국가 동맹에 의해 양분되었던 국제정치무대에 '제3세계'라는 이름으로 새롭게 등장해 국제정치의 한 축을 담당하는 세력이었다.

국제정치적으로 큰 영향력을 행사하고 있는 이 기구에 속한 나라들과의 관계를 개선하기 위해, 대한민국 정부가 제2차 아시아-아프리카회의에 참석하려고 했던 것이다. 하지만 쉽지 않은 일이었다. 회의 개최국인 알제리는 이미 북한의 대사관이 개설되어 있는 친 공산(親共産) 계열의 국가였다. 게다가 아직 미수교(未修交) 상태인 대한민국에게 비우호적인 태도를 보이고 있었다.

혈혈단신 알제리로 가야 하는 신현준은 비장했다. 북한 공관원들이 만약 해코지를 기도한다 해도 꼼짝없이 당할 수밖에 없는 알제리는 적국이나 다름없었기 때문이다. 신현준은 아내에게 "내가 알제리에 입국한 뒤 혹시 일이 잘못되더라도, 당신은 마음을 굳게 먹고 아이들을 잘 키우는데 최선을 다해주시오."라는 당부를 남기고 알제리로 향했다.

1965년 6월 1일 오후, 신현준은 알제리의 수도 알제(Algiers)에 도착했다. 신현준은 알제리의 외무성을 방문했지만, 외무장관을 만날 수 없었다. 북한 대사관 공관원들이 방해공작을 펼쳤기 때문이었다. 하지만 대한민국 정부의 특사를 그대로 돌려보낼 수 없었던지, 대신 의전

실장(儀典室長)이 신현준을 접견했다.

의전실장은 신현준에게 "귀국 대표를 위한 초청장은 이미 귀국의 주(駐) 영국대사를 통해 이미 발송되었다."고 했다. 이 말을 곧이곧대로 믿은 신현준은 모로코로 돌아와 본국 정부에 이 사실을 보고했다. 하지만 알제리 외무성 의전실장의 말은 거짓말이었다. 최규하(崔圭夏. 제10대 대통령 역임) 외무부장관이 주영대사 이형근(李亨根) 장군에게 확인한 결과 그런 사실이 없었던 것이다. 어처구니없을 정도의 외교적 결례였다.

최규하

이에 대한민국 정부는 최규하 외무부장관을 알제리에 보냈다. 1965년 7월 25일, 다시 한 번 외교적 결례가 일어났다. 결례라기보다 외교적 관례상 도저히 있을 수 없는 사건이었다. 알제리 정부가 아무런 이

유 없이 최규하 장관과 수행원들을 전원 체포하여 구금해버린 것이다.

대한민국 정부는 전 세계 외교라인을 움직이며 사태 수습에 들어갔다. 일은 생각지 못한 곳에서 해결됐다. 7월 29일, 알제리 육군참모총장 부메디엔(Houari Boumedienne) 장군이 군사쿠데타를 일으켜 벤 벨라(Ahmed Ben Bella) 대통령을 몰아내고, 실권을 장악했다. 부메디엔 장군은 최규하 장관 일행을 본국으로 돌려보냈고, 제2차 아시아-아프리카회의는 무산되고 말았다.

약육강식의 국제무대에서 약소국 외교관이 겪어야 했던 비애였다. 대한민국이 세계 10대 경제대국으로 성장한 오늘날과 비교해볼 때 참으로 격세지감(隔世之感)을 느끼지 않을 수 없다.

생활고에 시달린 전직 해병대사령관

1969년 2월, 서울에서 유럽과 아프리카 지역 공관장(公館長) 회의가 열렸다. 신현준도 회의에 참석하기 위해 오랜만에 서울 땅을 밟았다. 회의가 끝나갈 무렵, 박정희 대통령으로부터 연락이 왔다. 시간을 내서 조찬을 하자는 내용이었다. 2월 13일, 신현준은 청와대에서 박정희 대통령과 조찬을 가졌다.

이날 조찬은 박 대통령과 나만이 함께 하였으므로 자연히 단독 면담이 이루어지게 된 셈이었다. 박 대통령은 나에게 "형님, 오랫동안 모로코에서 수고가 많았습니다. 그런데 형님은 본래 중국 사정을 잘 아시고 중국어에도 능통하시니 한 번 가까운 곳으로 자리를 옮겨 볼 생각은 없으신지요." 하고 물었다. 박 대통령은 과거의 인연을 생각해서인지 사석(私席)인 이때만큼은 내게 '형님'이라고 호칭하고 높임말을 쓰면서, 혹시 자유중국(自由中國: 대만) 대사로 전임할 생각이 없는지 물어온 것이었다. 이에 나는 박 대통령에게, 이렇게까지 염려해 주시니 대단히 감사하다고만 대답하였다.

그러자 박 대통령은 내게 별로 그럴 생각이 없는 것으로 느껴졌는지, "그럼 형님 고향인 김천(金泉)에서 국회의원으로 출마해보시지요." 하고 다시 권유하였다. 이때에도 나는 "저에 대해 그렇게까지 배려해주시니 고맙기 그지없습니다만, 저는 정치에는 적임자가 아니기 때문에 사양하겠습니다."라고 거절하고 말았다.
이때 박 대통령의 표정은 자신의 호의가 계속 거절당했다고 느껴졌음인지 다소 언짢은 듯한 기색이었다. 박 대통령은 이어서 "현지 모로코에서 혹시 힘들고 어려운 일이 있을 때는 사양하지 마시고 직접 저에게 연락해 주십시오."라고 말하고, 지금 모로코에 가있는 자녀들의 교육비에 보태시라면서 금일봉(金一封)을 주었다.[42]

신현준은 권력이나 정치에는 관심이 없는 사람이었다. 또한 치부(致富)나 축재(蓄財)와도 거리가 먼 사람이었다. 해병대사령관 등 군 고위직과 정부의 고위관료를 지내면서도 일체 주변의 유혹에 눈을 돌리지 않았다. 그는 평생 동안 오직 나라에서 주는 봉급으로만 살림을 꾸렸다. 그 때문에 신현준 가족의 살림은 항상 넉넉지 않았다. 그래서인지 박정희 대통령이 건넨 금일봉은 정말 감사한 마음으로 받았다고 한다.

이때 나는 마침 경제적으로 어려운 처지였는데, 박 대통령이 이처럼 특별한 호의를 베풀어 주니 자신도 모르게 그만 눈시울이 뜨거워지고 말았다.[43]

---

42) 신현준, 「노해병의 회고록」, PP.156-157.
43) 신현준, 「노해병의 회고록」, P.157.

1970년 2월, 신현준은 7년 동안의 모로코 대사직을 대과(大過) 없이 완수하고 귀국했다. 이후, 신현준은 한동안 실직상태에 놓이게 된다. 당시 신현준은 극심한 경제적 곤란을 겪었다고 한다.

> 당시 자식들 가운데 장남 웅목과 3남 웅인은 모두 군 복무 중이었고, 2녀 순옥과 3녀 순미는 대학에, 그리고 4녀 순화와 5녀 순호는 고등학교에 재학 중이었다. 벌써 55세가 된 나는 대가족의 가장(家長)으로서 가족의 부양과 자녀 교육의 막중한 책임을 지고 있었음에도 불구하고 실직(失職) 상태가 되자 큰 곤란을 겪게 되었다.
> 결국 우리 가족은, 이를테면 가계(家計)를 꾸려가기 위해 총동원 체제에 들어가게 되었다. 즉, 모로코에서 프랑스어를 익혔던 둘째와 넷째 딸은 후배 학생들의 과외 공부를 맡았고, 영어를 익혔던 셋째와 다섯째 딸도 역시 과외 지도를 맡아서 생기는 수입을 생활비에 보태는 등 합심하여 애를 썼던 것이다. 이렇게 가난하고 어렵게 살면서도 우리 가족들은 매우 화목하고 행복했다.
> 아이들이 각자가 애써 일한 대가로 얼마 안 되는 돈을 받게 되었던 어느 날, 딸들은 아버지가 좋아하시는 맥주와 어머니가 좋아하시는 과자를 사왔다고 떠들면서 집에 돌아왔다. 아내가 준비한 저녁밥과 아이들이 사온 것들까지 식탁에 한데 차려 놓고 식사를 하면서 나는 착잡한 생각이 들었다. 나는 자신이 아비 구실을 제대로 못하는 데 미안하였으나, 자식들 앞에서 아비의 약한 면을 보여서는 안 된다는 생각에 그 어려운 때를 묵묵히 참고 견디었다.[44]

---

44) 신현준, 「노해병의 회고록」, P.162.

1971년 7월, 필리핀 마닐라에서 개최된 제5차 세계반공대회에서 신현준이 '세계반공연맹(世界反共聯盟)' 사무총장에 선임되었다. 이 또한 직업 없이 지내고 있던 신현준에 대한 박정희 대통령의 배려였다.

세계반공연맹(WACL, The World Anti-Communist League)은 1967년 9월, 대만(臺灣: 타이완)의 수도 대북(臺北: 타이베이) 시에서 전 세계 64개국이 참가하여 창립한 국제기구다. 이 기구의 목적은 공산주의가 세계를 적화(赤化)하려는 기도를 막고, 자유와 평화를 지키는 것이었다. 1980년대 말에서 1990년대 초에 걸쳐 공산주의 국가들이 무너지자, 1990년에 '세계자유민주연맹(世界自由民主聯盟)'으로 명칭을 바꾸었다.

세계반공연맹의 사무처는 서울 장충동에 위치한 '한국반공연맹' 사무처와 같은 건물에 있었다. 민간기구인 세계반공연맹의 사무처는 대한민국 문공부로부터 경제적인 지원을 받고 있어, 마치 문공부의 산하단체처럼 운영되었다.

신현준은 2년 6개월 동안 사무총장으로 일했는데, 문공부의 지원이 매우 미흡하였고, 직원들에 대한 처우가 형편없었다고 한다. 이 때문에 직원들의 월급을 제때에 지급하지 못하고 미루다가, 2~3개 월 분을 한꺼번에 지급하는 일도 잦았다고 한다.

한 번은 청사 현관에서 연두순시(年頭巡視)를 나온 박 대통령과 마주친 적이 있었는데, 박 대통령이 반갑게 안부를 물으면서 "필요한 일이 있으면 언제라도 연락을 달라."고 하더란다. 하지만 신현준은 구차스러운 마음이 들어 사무처 운영의 어려움에 대해서 차마 말하지 못했다고 한다.

초대 교황청 대사가 되다

　1974년 2월 19일, 신현준이 초대 주(駐) 바티칸 교황청 특명전권대사에 임명됐다. 대한민국이 바티칸과 수교를 시작한 것은 1963년 12월부터였지만, 그동안 인접한 스위스 주재 대사가 교황청 대사를 겸임했었다. 바티칸에 상주(常駐) 대사를 보내는 것은 대한민국 가톨릭계의 숙원이었다.

　신현준이 적임자라고 대한민국 정부에 추천한 사람은 주(駐) 대한민국 교황청 대사 도세나(Dossena) 대주교였다. 또한 김수환(金壽煥, 1922.~2009.) 추기경도 수년 전부터 박정희 대통령에게 건의했다고 한다.

　임명식 전, 김동조(金東祚) 외무부장관에게 이 사실을 확인한 신현준은 "그야말로 소리치면서 울고 싶을 만큼 놀랍고 기뻤다."고 한다. 신현준뿐만 아니었다. 독실한 가톨릭 신자였던 신현준 가족 모두가 뛸 듯이 기뻐했다고 한다.

신현준 부부와 김수환 추기경(1975. 4.)

아이들이 모이자, 나는 비로소 기쁜 얼굴로 말문을 열었다. "오늘은 내가 너희들 앞에서 기쁜 소식을 한 가지 전하려고 한다. 사실은 오늘 아비가 주 바티칸 대사로 임명되어, 너희들이 그렇게도 소망했던 로마에 가서 일을 하게 되었단다."

내 입에서 이 말이 떨어지는 순간, 우리 가족은 어른, 아이 할 것 없이 소리 내어 울고 말았다.

때마침 집에는 3남 옹인이가 군 복무를 마친 뒤 제주도에 있는 이시돌 목장에서 수련하다가 집에 다니러 와 있었다. 옹인이는 솔선해서 누이동생 네 명과 함께 부모 앞에서 큰절을 올린 다음 울먹이는 소리로 말했다. "아버님께서 교황청 대사로서 바티칸으로 부임하시게 된 것은 우리 가족을 위해서 너무나 기쁜 일입니다." 옹인이의 말이 끝났을 때, 우리 가족은 모두 다 너무도 감격한 나머지 또 다시 엉엉 소리를 내며 울었다.[45]

신현준이 교황청 대사에 임명된 1974년은 박정희 정권과 가톨릭교회 사이에 긴장이 고조되던 시기였다. 박정희 정권은 삼선개헌(三選改憲, 1969년)과 유신개헌(維新改憲, 1972년)을 통하여 장기집권에 들어갔다. 이에 야당과 재야(在野) 정치인들이 박정희의 장기집권을 저지하기 위해 투쟁에 나섰다. 다수의 가톨릭교회 신부들도 이 대열에 참여했다.

박정희 정권은 야당과 재야세력, 그리고 신부들까지 감시하고 사찰했다. 이로 인해 국내는 물론, 로마에 유학 중인 신부들까지 더욱 강하게 박정희 정권을 비판했다. 자연히 바티칸과 박정희 정권은 긴장 관계에 놓이게 되었다. 이런 상황 때문에 신현준이 임지로 떠나는 날, 박정희 대통령이 "바티칸에 관해서는 오직 형님만을 믿겠다."며 교황청과의 관계 개선에 노력해줄 것을 신신당부했다고 한다.

---

45) 신현준, 「노해병의 회고록」, PP.169-170.

주 바티칸 대사 임명식 후 박정희 대통령과 기념촬영(1974. 2.)

　1974년 4월 8일 오전, 신현준은 제262대 교황(Pope) 바오로 6세(Paul Ⅵ)에게 신임장을 제정하고 업무를 시작했다. 바오로 6세를 비롯한 교황청 성직자들은 독실한 가톨릭 신자인 신현준을 환영했다.

교황 바오로 6세에게 신임장을 제정하는 신현준(1974. 4.)

그해 6월 초, 원주교구장 지학순(池學淳) 주교가 로마를 방문했다. 지학순 주교는 박정희 정권에 맞서 적극적으로 인권운동을 전개하던 인물이었다. 마침 새 대사관 입주를 앞두고 있던 신현준은 지학순 주교에게 축성 미사를 간청했다. 지학순 주교는 기꺼이 축성 미사를 봉헌해주었다.

그런데 불행한 일이 터지고 말았다. 7월 6일, 김포공항에 도착한 지학순 주교를 정부 기관원들이 연행한 것이다. 붙잡혀간 지학순 주교는 '반국가사범(反國家事犯)'이라는 죄목으로 구속되었다. 이 사건을 계기로 그해 9월에 '천주교 정의구현 전국사제단'이 결성되었다. 이들은 박정희 정권의 폭압정치를 규탄하며, 정면으로 맞섰다.

교황청도 발칵 뒤집혔다. 7월 중순, 주한 교황 대사 도세나 대주교와 이반 디아스(Ivan Dias) 주교가 신현준에게 찾아와 "지금 한국 정부가 지학순 주교를 수감 중인데 어떻게 이럴 수가 있는가? 이 일에 대해서는 교황 성하(聖下)께서도 노하고 계시다."라고 항의할 정도였다.

신현준은 참으로 곤란했다. 국가를 대표하는 대사로서 정부의 방침에 순종해야 했으나, 한 사람의 가톨릭 신자로서 고민이 클 수밖에 없었던 것이다. 신현준은 로마에 유학 중인 한국인 신부들을 무마하는 한편, 교황청과 우리 정부의 관계 개선을 위해 최선을 다했다.

그해 8월 하순, 신현준은 서울에서 개최되는 구미(歐美) 지역 공관장 회의에 참석하기 위해 잠시 귀국했다. 회의가 끝난 뒤, 박정희 대통령은 청와대에 만찬회를 마련해 공관장들의 노고를 치하했다. 만찬회가 끝난 뒤, 별실에서 박정희 대통령과 공관장들이 담소를 나누었다. 본래 그런 자리에서는 공적인 대화는 피하고 덕담을 주고받는 것이 상례라고 한다.

그런데 불쑥 신현준이 로마의 상황을 입에 올렸다. 지학순 주교 사건으로 로마에 유학 중인 신부들이 몹시 반발하고 있으며, 바티칸 당국에서도 유감(遺憾)으로 생각하고 있다는 상황을 그대로 전한 것이다.

신현준은 이어 "그러므로 앞으로 이러한 일들은 조속히 시정(是正)되어야 할 줄로 생각합니다."라고 직언했다. 순간, 실내의 분위기가 갑자기 경색되었다. 한동안 묵묵부답(默默不答)으로 앉아 있던 박 대통령이 조용히 일어나 이층의 거실로 올라가고 말았다.

아득한 과거, 만주군 중위 시절의 박정희는 신현준을 '공자(孔子)님'이라고 부르며 놀려대곤 했다고 한다. 그만큼 신현준을 깊이 존경하고 신뢰했다는 얘기다. 그런데 믿었던 신현준이 자신의 치부를 건드리자 매우 착잡했던 모양이다.

박정희 대통령 서거와 교황청 대사 퇴임

1979년 10월 26일, 박정희 대통령이 중앙정보부장 김재규(金載圭)가 쏜 총탄에 맞아 서거했다. 본국 정부로부터 급보를 받은 신현준은 망연자실했다. 청년 시절 만주군에서 처음 만난 신현준과 박정희는 호형호제(呼兄呼弟)했던 사이였다. 광복 후 평진대대(平津大隊) 시절에는 어려운 식량 사정 때문에 굶주리면서도, 서로 위로하고 격려하며 귀국을 기다렸던 동료이기도 했다. 만감이 교차하지 않을 수 없었을 것이다.

지난 일들을 돌이켜 볼 때, 내가 5·16 군사혁명 이후 미국 네바다 대학으로 유학을 가게 된 것을 비롯해서, 이어서 주 모로코왕국 대사, 또 그 다음은 세계반공연맹 사무총장, 그리고 오늘의 주 바티칸 대사를 맡게 된 일에 이르기까지 모든 것이 다 박 대통령의 특별한 배려로 이루어진 것이 사실이었다. 따라서 나는 개인적인 정리(情理)에서는 물론, 그동안 박 대통령이 내게 베풀어 주었던 모든 호의와 배려에 대해서 감사하는 마음에서도 그의 불행에 대해 깊이 동정하고 비통해 하지 않을 수 없었다.

그리고 나는 심사숙고한 끝에 박 대통령의 서거를 계기로 하여 주 바티칸 대사직에서 퇴임하기로 마음을 정하고, 본국 정부에 대해 사임원서(辭任願書)를 제출하였다.[46]

'장부는 나아갈 때와 물러날 때를 알아야 한다.'는 말이 있다. 신현준은 지금이야말로 물러날 때라고 판단했던 것으로 보인다. 1989년에 출간된 신현준의 회고록에 '축하의 글(PP.3-6.)'을 실은 김수환 추기경은, 그 글에서 교황청 대사 시절 신현준의 모습을 이렇게 말하고 있다.

> 이런 어려운 때에 신 대사님은 바티칸 대사로서, 동시에 가톨릭 신자로서 난처한 처지에 놓였던 일이 한두 번이 아니었다고 생각된다. 그럼에도 이 분은 정부를 위해서나 교회를 위해서나 아주 좋은 대사님이었다. 그것은 이 분이 이른바 '외교'에 능하셔서가 아니었다. 과묵하신 데다 겸손하시고, 어떤 꾸밈이나 거짓이 없이 솔직담백하신 분으로서 하느님께 기도하며 최선을 다하셨기 때문이다.
> 한마디로, 이 분의 인간으로서의 '참됨'이, 그리고 겸손과 인내심이 하느님의 도우심을 입어 그렇게 어느 편에도 손해를 끼치지 않을 뿐 아니라, 결과적으로 좋은 외교적 성과를 거두게 한 것이었다.
> 나는 바티칸 국무장관 까사롤리 추기경으로부터 여러 차례 "신 대사는 참으로 훌륭한 분이시다."라고 칭찬하는 말을 들었다.
> 바오로 6세 교황께서도 적어도 한 번은 같은 뜻의 말씀을 하셨던

---

46) 신현준, 「노해병의 회고록」, P.208.

결로 기억된다. 그때 나는 '외교'라는 것도 결국 진실할 때에 참된 외교가 될 수 있다는 것을 새삼 깨달았다.

1980년 12월 10일, 6년 동안의 교황청 대사직을 마무리한 신현준이 김포공항에 발을 디뎠다. 그의 나이 65세 때였다. 이후, 신현준은 일체의 공직이나 정치에 발을 들여놓지 않고 안빈낙도(安貧樂道)하는 노년을 보냈다.

한 번 해병은 영원한 해병

신현준은 말년에 자녀들이 살고 있는 미국으로 이민했다. 비록 몸은 미국에 있어도 해병대에 대한 신현준의 사랑은 변함없었다. 해병대 창설 55주년을 하루 앞둔 2004년 4월 14일, 신현준이 해병대 발전을 위한 기금으로 1억3천여 만 원을 쾌척했다. 후일, 해병대사령부는 이 기탁금을 기초로 해병대 간부들의 자녀를 위한 덕산장학회를 설립한다.

"미국에서 애들과 함께 살고 있으니 이젠 노후 걱정 없어. 이건 얼마 안 되는 돈이지만 해병대 발전을 위해 써줬으면 좋겠어."
2004년 4월이었다.
자녀들을 따라 미국에 가서 노후를 보내던 신 사령관께서 귀국해 후배들에게 작은 봉투 하나를 내놓았다. 1억 원이 넘는 돈이었다. 국내에 있던 전 재산을 정리한 것이라고 했다.
아무리 노후 걱정이 없다지만 왜 돈이 필요하지 않겠는가. 그는 영면하는 순간까지 동포사회에서 활동했다. 그런 데에도 돈이 들 텐데 탈탈 털어 다 주고 갔다. 손자손녀에게 생일선물 하나를 사주는 데에도 돈이 필요하고, 돈이 아쉬운 자식들도 있을 것인데 어떻게 그런 마음을 먹을 수 있는지 놀라울 따름이다.

그 기금은 나를 포함한 해병대 예비역들에게 큰 감명을 줬다. 해병대를 자식처럼 사랑하는 분이라는 것은 알았지만 그렇게까지 하실 줄은 몰랐다.[47]

해병대를 창설하고 강군으로 육성한 주역들. 좌로부터 신현준 초대 사령관, 공정식 제6대 사령관, 김성은 제4대 사령관.(2006년 8월)

미국 플로리다 주 나이스빌의 셋째 아들 옹인의 집에서 노후를 보내던 신현준은 2007년 10월 15일, 향년 92세를 일기로 소천(召天)했다. 신현준의 유해는 10월 20일, 국립대전현충원 제1장군묘역에 안장됐다.

---

47) 공정식,「바다의 사나이 영원한 해병」, PP. 300-301.

성실한 가장이며 독실한 종교인이었던 신현준

나는 군 원로들이 남긴 회고록을 대부분 읽었다. 백여 권은 넘을 것이다. 30여 년 동안 국방일보 기자와 국방TV PD로 일하다 보니 읽을 수밖에 없었다. 세상에는 수많은 회고록이 존재한다. 하지만 그 회고록들은 얼마나 진실할까?

회고록의 저자들은 대부분 공(功)을 부각하고 과(過)는 덮으려고 한다. 또한 자신의 시각과 입장에서 세상을 판단하는 오류를 범하기도 한다. 어디 그뿐이랴. 심지어는 역사를 왜곡하기까지 한다. 사실을 숨기는 사람도 있고, 건너뛰는 사람도 있으며, 아예 윤색(潤色)을 하는 사람도 있다. 어쩔 수 없는 일이라고 생각한다. 그것이 인간의 본성이니까. 이 세상 그 누가 자신의 치부를 드러내고 싶겠는가.

그래서인지 회고록에 자신의 얘기를 100퍼센트 진솔하게 쓴 사람을 본 적이 없다. 나는 100퍼센트는 바라지 않는다. 더도 덜도 말고 있는 그대로만 쓰는 것이 진정한 회고록이라고 믿는다.

노년의 신현준 장군

 그런 면에서 신현준 장군의 회고록은, 비교적 진솔하게 자신을 있는 그대로 드러낸 몇 안 되는 회고록 중 하나다. 신현준 장군의 회고록을 읽으면서 많이 놀랐다. 너무나 사실적이고 객관적이기 때문이다.
 특히 놀란 것은 만주군 복무 사실을 애써 숨기지 않은 대목이다. 일제강점기 때 일본군이나 만주군에 복무했던 비슷한 경력을 가진 사람들의 대부분은, 자신의 회고록에서 그 경력을 누락시키거나 간략하게 언급하고 지나간다. 하지만 신현준 장군은 숨기고 싶었을 법한 과거의 행적을 가감(加減) 없이 기록으로 남겼다. '사실을 사실대로 기록'한 그의 용기가 남다르다는 점에 많이 놀란 것이다.
 내가 느낀 신현준 장군은 가식이나 거짓이 없는 진지한 인물, 명예욕이나 물욕이 없는 평범한 사람이다. 가족을 사랑하고 성실하게 직장생활을 하는, 주변에서 흔히 볼 수 있는 한 사람의 가장(家長)이라는 느낌을 받았다.

 다른 이와 달리 신현준 장군은 해병대 사령관 시절과 외교관 시절의 공적을 드러내려고 하지 않는다. 그의 회고록을 일관하는 것은 가족에 대한 얘기다. 가난하게 살다 간 부모님에 대한 애틋함, 자식들을 먼저 보냈을 때의 고통, 그림자처럼 곁을 지켜준 아내에 대한 사랑, 그는 회고록 곳곳에 가족의 얘기들을 담고 있다.

 회고록을 많이 읽다보니, 크로스체크(Cross-check)를 하는 버릇이 생겼다. 어느 누군가가 회고록을 쓰다 보면, 반드시 주변 인물에 대한 평가를 남기게 된다. '인물 A'가 자신의 회고록에 남긴 자평(自評)과 다른 사람이 쓴 회고록 속의 '인물 A'에 대한 평가는 다를 수밖에 없다. 그래서 다른 사람들이 쓴 회고록을 읽으면서 대조하는 버릇이 생긴 것이다.

 신현준 장군의 진면목을 가장 정확하게 알고 있는 사람은 김성은 장군일 것이다. 김성은 장군은 신현준 장군과 함께 해병대를 창설하고, 군 생활 내내 함께한 사람이다. 그는 자신의 회고록에서 신현준 장군을 '겸손, 온화, 정직하고 인내심이 강한 덕장(德將)'이라고 얘기한다. 공정식 장군 등 주변 사람들의 평가도 이와 비슷하다.

 신현준은 회고록의 머리말에서 자신의 후손들에게 이런 말을 남기고 있다. 어찌 보면, 자신의 걸어온 삶을 말하는 것 같기도 하다.

 나의 자손과 후손들에게 남기고 싶은 말이 있다면, 설령 불우한

> 환경에서 태어났을지라도 결코 희망을 잃지 말고, 강인한 인내력으로 살아가라는 당부이다. 또한 매사에 과욕(過慾)은 과감히 물리치고, 오직 정직하고 성실하게 노력하면서 항상 평화롭고 즐거운 마음으로 처신하라는 것이다.[48]

우리는 신현준 장군을 군인으로 기억하고 있지만, 정작 신현준 본인은 생애의 대부분을 종교인으로 살았다. 신현준 장군에게 진정으로 행복한 삶은 가톨릭(천주교)에 귀의한 순간부터였다고 생각된다.

나는 신현준 장군이 불쌍하고, 한편으로는 부럽다. 식민지 백성으로 태어나 먹고살기 위해 치열하게 살았던 전반부의 삶이 불쌍하고, 매사에 감사하고 평온하게 살았던 후반부의 삶이 부럽다.

> 아무려나 지난 70여 평생을 이렇게 글로 써놓고 보니, 여러모로 감회가 없을 수 없다. 그러나 내 인생의 모든 잘잘못과 성패(成敗)를 가리기 전에 머리에 떠오르는 생각은, 하느님의 은총과 많은 분들의 은혜에 감사할 뿐이라는 것이다.[49]

만주군으로 복무했던 신현준 장군에게는 '친일반민족행위 관련자'라는 꼬리표가 따라 다닌다. 그것은 지울 수 없는 역사적 사실이다. 하지만 그가 군 최고의 영예인 태극무공훈장을 두 번이나 수훈(1952년

---

48) 신현준, 「노해병의 회고록」, P.8.
49) 신현준, 「노해병의 회고록」, P.8.

10월과 1953년 10월)한 국가 유공자라는 것 또한 부인할 수 없는 사실이다. 대한민국 군인들 중 태극무공훈장을 두 번이나 수훈한 사람은 신현준 장군이 유일하다. 분명한 것은 신현준 장군이 국가와 민족, 그리고 군을 지극히 사랑했던 해병대의 대부(代父)라는 사실이다.

/ 이력과 경력 /

○ 1915. 10. 23.			경북 금릉 출생
○ 1919. 2.		(4세)	만주로 이주
○ 1936. 4.		(21세)	만주군 봉천군관학교 5기 입교
○ 1937. 9.		(22세)	만주군 봉천군관학교 5기 졸업
	12.		만주국 육군 소위 임관
○ 1941. 4.		(26세)	중위 진급
○ 1944. 3.		(29세)	상위(대위) 진급
○ 1945. 8. 15.		(30세)	광복
	9.		광복군 평진대대 대대장
○ 1946. 5. 10.		(31세)	귀국
	6. 22.		조선해안경비대에 견습사관으로 입대
	11. 21.		조선해안경비대 부위(중위) 임관
○ 1947. 3. 1.		(32세)	대위 진급
	9. 1.		소령 진급
○ 1948. 5. 1.		(33세)	중령 진급
○ 1949. 2. 1.		(34세)	초대 해병대사령관
	4. 15.		해병대 창설
	6. 1.		대령 진급
○ 1950. 9. 15.		(35세)	인천상륙작전 참전
	9.		해병대 준장
○ 1952. 1.		(37세)	소장 진급
○ 1953. 10. 15.		(38세)	해병대 제1여단장

○ 1954. 11.	(39세)	육군대학교 입교
○ 1955. 9.	(40세)	합동참모본부 제3(군수)부장 합동참모본부 제2(정보)부장
○ 1958. 9.~12.	(43세)	미 육군참모대학 유학
○ 1959. 1.	(44세)	해병 진해교육기지사령관
○ 1960. 6. 25.	(45세)	중장 진급
7. 1.		국방부장관 특별보좌관
○ 1961. 4. 1.	(46세)	국방부차관보
7. 4.		해병 중장 전역
8. 20.		미 네바다 주립대학 유학
○ 1963. 1. ~1970. 2.	(48세)	초대 주 모로코왕국 특명전권대사
○ 1971. 7.	(56세)	세계반공연맹 사무총장
○ 1974. 2. ~1980. 12.	(59세)	초대 주 바티칸 교황청 대사
○ 2007. 10. 15.	(92세)	미국 플로리다 주 나이스빌에서 소천

참고문헌

국방부 국방군사연구소, 「國防史年表」, 1994

국방부 군사편찬연구소, 「건군사」, 2002

국방부 군사편찬연구소, 「태극무공훈장에 빛나는 6·25전쟁 영웅」, 2003

국방부 전사편찬위원회, 「한국전쟁사」 제1~9권, 1967-1976

국방부 전사편찬위원회, 「한국전쟁 요약」, 1986

육군본부, 「創軍前史」, 1980

해군본부, 「해군 30년사」, 1978

해군본부, 「바다로 세계로-사진으로 본 해군 50년사」, 1995

해군본부, 「해군일화집 제1집」, 2006

해군본부, 「해군일화집 제2집」, 2006

해군본부, 「대한민국해군 창군사」, 2016

강성재, 「참 軍人 李鍾贊 장군」, 동아일보사, 1986

공정식, 「바다의 사나이 영원한 해병」, 해병대전략연구소, 2009

권성욱, 「중일전쟁- 용, 사무라이를 꺾다 1928~1945」, 미지북스, 2015

김선덕, 「실록 대한민국 국군 70년, 本紀(상)」, 도서출판 다물아사달, 2015

김선덕, 「무적해병의 전설 공정식」, 도서출판 다물아사달, 2016

김성은, 「회고록- 나의 잔이 넘치나이다」, 아이템플코리아, 2008

김일환, 「김일환 회고록」, 홍성사, 2014

김정렬, 「항공의 경종」, 대의, 2010

김효순, 「간도특설대」, 서해문집, 2014

남정옥, 「6·25전쟁 이것만은 알아야 한다」, 삼우사, 2010

백선엽, 「군과 나」, 시대정신, 2009

신현준, 「老海兵의 回顧錄」, 가톨릭출판사, 1989

이기동, 「비극의 군인들-일본육사출신의 역사」, 일조각, 1982

이상호, 「인천상륙작전과 맥아더」, 백년동안, 2015

이원규, 「마지막 무관생도들」, 푸른사상, 2016

장창국, 「육사졸업생」, 중앙일보사, 1984

정일권, 「정일권회고록」, 고려서적(주), 1996

한국해양전략연구소, 「해군창설의 주역 손원일 제독(상)」, 2006

한국해양전략연구소, 「해군창설의 주역 손원일 제독(하)」, 2006

한용원, 「창군」, 박영사, 1984

함명수, 「바다로 세계로」, 한국해양전략연구소, 2007

인명색인

ㄱ

강기태(姜琪泰)　84-85
강영훈(姜英勳)　189
계인주(桂仁珠)　84
고길훈(高吉勳)　138-139 / 141 / 153
고모토 다이사쿠(河本大作)　60-61
고종황제　79-81
공정식(孔正植)　134-135 / 149 / 162 / 173 / 178 / 215 / 218
김구(金九)　111-112 / 116-117
김달삼(金達三)　131
김대식(金大植)　173 / 182
김동조(金東祚)　204
김동하(金東河)　138-139 / 141
김백일(金白一)　84-86 / 120 / 133 / 163
김석범(金錫範)　84-86 / 124 / 180
김성은(金聖恩)　136-145 / 148-149 / 153 / 155-157 / 164 / 170 / 215 / 218
김수환(金壽煥)　204-205 / 212
김신도(金信道)　84
김용국(金龍國)　141
김응조(金應祚)　84
김일성(金日成)　75 / 98 / 114 / 130
김일환(金一煥)　84-86
김재규(金載圭)　211
김재주(金載珠)　141
김정호　82
김좌진(金佐鎭)　45-47 / 54
김주찬　82
김책(金策)　75

김홍준(金洪俊) 84-85

ㄴ

남일(南日) 180
노조에 마사노리(野副昌德) 98

ㄷ

다치바나 고이치로(立花小一郎) 36
다테이시 호료(立石方亮) 71 / 76
단기서(段祺瑞) 34
당제영(唐際榮) 104
도고 헤이하치로(東鄕平八郎) 26
도세나(Dossena) 204 / 209
되니츠 108

ㄹ

레닌(Vladimir Il'ich Lenin) 38

ㅁ

맥아더(Douglas MacArthur) 151 / 154-155 / 162
모택동(毛澤東) 39 / 74 / 89 / 146-147 / 165
문리정(文履禎) 84-85
문용채(文容彩) 84-86

ㅂ

바우로 6세(Paul Ⅵ) 207-208 / 212
박상실(朴尙實) 54

박일리아 47
박정모(朴正模) 161
박정희(朴正熙) 103-105 / 110 / 113 / 122 / 124 / 187 / 189 / 191-192 / 200-201 / 203-204 / 206-211
박헌영(朴憲永) 54
방원철(方圓哲) 105
백남익(白南翼) 194
백선엽(白善燁) 120 / 188
백인엽(白仁燁) 157
밴 플리트(James A. Van Fleet) 176
벤 벨라(Ahmed Ben Bella) 199
부메디엔(Houari Boumedienne) 199
부의(溥儀) 32 / 67

서철(徐哲) 75
석희봉(石希峰) 84
세키 겐로쿠(關原六) 76-77
소메카와 가즈오(染川一男) 97
손문(孫文) 30-32 / 38-41 / 58-59 / 62
손원일(孫元一) 118-119 / 124 / 127-128 / 134-136 / 145 / 157 / 162 / 183
손전방(孫傳芳) 58
송석하(宋錫夏) 84-86
쉬크(Lawrence E. Schick) 115
스탈린(Joseph Stalin) 109 / 146-147
신기관(申基觀) 19 / 22 / 36 / 49-51 / 56-57 / 125

아놀드(Archibald V. Arnold) 115
아사노(淺野節) 95

안길(安吉)　75
양병수(梁丙洙)　161
엄주명(嚴柱明)　80-81
염석산(閻錫山)　60 / 62 / 66
오백룡(吳白龍)　75
오패부(吳佩孚)　58
오하묵(吳夏默)　47-48
왕정위(汪精衛)　40
원세개(袁世凱)　31-33 / 38
원용덕(元容德)　120 / 133
유재흥　120
윤보선(尹潽善)　185
윤춘근(尹春根)　84-86
이갑진　8 / 10
이강(李堈)　80
이건(李鍵)　80
이두만(李斗萬)　84
이반 디아스(Ivan Dias)　209
이범석(李範奭)　46 / 135
이병희(李炳喜)　141
이성가　120
이소노(磯野實一)　95
이승만(李承晩)　131-133 / 135 / 151 / 162 / 174 / 176 / 180-185
이시영(李始榮)　131
이시와라 간지(石原莞爾)　64-65
이우(李鍝)　80
이은(李垠)　80-81
이응준　120
이종인(李宗仁)　60 / 62
이종찬(李鍾贊)　81 / 185 / 193
이주일(李周一)　105 / 110 / 113 / 122 / 124
이척(李坧)　80

이청천(李靑天)　73-74 / 83
이타가키 세이시로(板垣征四郞)　64-65
이한림(李翰林)　189
이형근(李亨根)　120 / 188 / 198
이형석(李炯錫)　81
임춘추(林春秋)　75

ㅈ

장개석(蔣介石)　40 / 58-63 / 72 / 74 / 89 / 94 / 107 / 109 / 146
장면(張勉)　179 / 185-187
장석륜　120
장작림(張作霖)　34-36 / 45 / 48 / 58 / 60-61 / 64
장창국(張昌國)　82-84
장학량(張學良)　61-62 / 64 / 66-68 / 72-73
전해창(全海昌)　84
정광호(鄭光鎬)　141
정긍모(鄭兢謨)　119 / 127
정일권(丁一權)　152 / 188
조대호(趙大鎬)　80-81
조중응(趙重應)　81
주은래(周恩來)　40
지학순(池學淳)　208-209

ㅊ

차명환(車明煥)　84
채병덕(蔡秉德)　81 / 120 / 145 / 151
최경만(崔慶萬)　84-86
최구룡(崔九龍)　84-85
최국방(崔國方)　161
최규하(崔圭夏)　198-199

최남근 120
최용건(崔庸健) 75
최용덕(崔用德) 112-113
최진동(崔振東) 45
최현(崔賢) 75
치스차코프(Ivan Chistiakov) 114

ㅍ

풍국장(馮國璋) 34
풍옥상(馮玉祥) 60

ㅎ

하야시 센주로(林銑十朗) 65
하지(John R. Hodge) 115 / 117
함혜룡(咸惠龍) 99 / 125-126 / 167-168 / 179
해리슨(William K. Harrison, Jr.) 180
허정(許政) 184-185
홍범도(洪範圖) 44-45
홍사익(洪思翊) 82-84
황헌친(黃憲親) 189
히긴스(Margarett Higgins) 156
히틀러(Adolf Hitler) 100 / 108

다물아사달 기획 '국군열전' 시리즈

다물아사달에서는 창군(創軍)과 6·25전쟁, 그리고 대한민국 발전과정에서 노심초사한 '참군인'들과 UN군 참전용사들을 선정하여 그들의 삶과 업적을 오늘에 되살리는 '국군열전'을 기획하고 있습니다.

인천상륙작전의 숨은 주역, **함명수** (2016년 5월 30일 출간)
무적 해병의 전설, **공정식** (2016년 11월 11일 출간)
마지막 기병대장, **장철부** (2017년 3월 1일 출간)
육군의 산파역, **이응준** (2017년 10월 1일 출간)
해군의 아버지, **손원일** (2017년 11월 11일 출간)
해병대의 뿌리, **신현준** (2018년 4월 15일 출간)

초대 제2군사령관, **강문봉**
영원한 벽창우(碧昌牛), **강영훈**
가평전투의 영웅, **권동찬**
포병의 뿌리, **김계원**
6·25전쟁의 4대 영웅, **김동석**
베티고지전투의 영웅, **김만술**
38도선 돌파와 흥남철수작전의 주역, **김백일**
내가 여기 있다, **김석원**
귀신 잡는 해병, **김성은**

영원한 공군 조종사, **김신**
미군 속의 한국영웅, **김영옥**
빨간마후라의 신화, **김영환**
영천전투의 맹장, **김용배**(金容培)
불굴의 장군, **김웅수**
한강교를 넘어라, **김윤근**
붓을 든 무인, **김익권**
대한민국 국가건설의 주역, **김일환**
최고의 지장(智將), **김점곤**

공군의 대부, **김정렬**

백마고지의 영웅, **김종오**

대한민국 특무부대장, **김창룡**

방송국을 사수하라, **김현수**

한강방어전투의 영웅, **김홍일**

뚝심의 맹장, **민기식**

백골부대의 마지막 자존심, **박경원**

공병 발전의 주역, **박기석**

광복군 출신 장군, **박기성**

불굴의 연대장, **박노규**

하늘에 진 별, **박범집**

광복군의 원로, **박시창**

제2대 해군참모총장, **박옥규**

풍운의 별, **박정인**

자주국방의 초석, **박정희**

제주 4·3사건의 지휘관, **박진경**

용광로의 신화, **박태준**

대한민국 최초의 대장, **백선엽**

여순 10·19사건의 순국자, **백인기**

서울수복작전의 주역, **백인엽**

용문산전투의 영웅, **송석하**

타이거 장군, **송요찬**

화령장전투의 맹장, **송호림**

조선경비대 제2대 사령관, **송호성**

불운한 국방부장관, **신성모**

포병의 아버지, **신응균**

카이젤 장군, **신태영**

해병대의 뿌리, **신현준**

6·25의 의장(義將), **안병범**

반공포로의 아버지, **원용덕**

통위부장, **유동열**

초대 한미연합사 부사령관, **유병현**

뚝심의 야전사령관, **유재흥**

대한민국 전투조종사, **윤응렬**

창공에 산다, **이강화**

비운의 국방부장관, **이기붕**

마지막 주월 공사, **이대용**

제6대 해군참모총장, **이맹기**

대한민국 초대 국방부장관, **이범석**

율곡계획의 개척자, **이병형**

영천전투의 영웅, **이성가**

초대 제3군사령관, **이세호**

대한민국 최초의 국군통수권자, **이승만**

풍운아, **이용문**

최장수 육군대학 총장, **이종찬**

미 군사고문단을 구하라, **이치업**

육사 중흥의 견인차, **이한림**

군번 1번, **이형근**

최고의 연대장, **임부택**

백마고지의 또 다른 영웅, **임익순**

백골부대장, **임충식**

강단의 장군, **장경순**

용문산대첩의 주역, **장도영**

공군의 작전통, **장지량**

제9대 합참의장, **장창국**

영원한 백골부대 맨, **장춘권**

장사동상륙작전의 주역, **전성호**

제18대 국방부장관, **정래혁**

대한민국 군인, **정승화**

구국의 육해공군총사령관, **정일권**

후방을 안정시킨 빨치산 토벌대장, **차일혁**

따이한의 별, **채명신**

영욕의 육군참모총장, **채병덕**

부동여산(不動如山)의 명장, **최영희**

대한해협해전의 신화, **최용남**

하늘의 개척자, **최용덕**

경찰의 지장, **최치환**

참 군인, **한신**

위국헌신의 연대장, **함준호**

운명을 개척한 의지의 장군, **황인성**

외전(外傳)

돌아온 딘

제2대 UN군사령관, **리지웨이**

불멸의 노병, **맥아더**

지평리전투의 영웅, **몽클라르**

대한민국 국군의 영원한 벗, **밴 플리트**

장진호의 대장정, **스미스**

미 극동공군사령관, **스트레이트마이어**

낙동강을 사수하라, **워커**

휴전회담 수석대표, **조이**

미국 역사상 최초로 승리하지 못한 사령관, **클라크**

중립국 송환위원회 의장, **티마야**

최고의 한국통, **하우스만**

전쟁고아의 아버지, **헤스**